MOEWIG
SCIENCE FICTION

H. J. Alpers
KOPERNIKUS 8

Herausgegeben und mit einem Nachwort
von Hans Joachim Alpers

MOEWIG
Originalausgabe

COME TAKE A DIP WITH ME IN THE GENETIC POOL
Übersetzung: Joachim Körber
OLD WOMAN BY THE ROAD © 1978 by Charter Communications Inc.
Übersetzung: Barbara Schönberg
THE TROUBLE WITH SEMPOANGA © 1982 by Agberg Ltd.
Übersetzung: Joachim Körber
ZEKE © 1981 by TZ Publications Inc.
Übersetzung: Hannelore Hoffmann
ERINNERUNGEN AN EINEN UNWICHTIGEN PLANETEN
© 1982 by Peter W. Bach
ELFLEDA © 1981 by Vonda N. McIntyre
Übersetzung: Joachim Körber
NUCLEAR FISSION © 1979 by Terry Carr
Übersetzung: Joachim Körber
RIDERS OF THE PURPLE WAGE or THE GREAT GAVAGE
© 1967 by Harlan Ellison
Übersetzung: Joachim Körber
Umschlagillustration: C. Lundgren / Schlück
Innenillustration: Klaus D. Schiemann
Umschlagentwurf und -gestaltung: Franz Wöllzenmüller, München
Redaktion: Hans Joachim Alpers
Verkaufspreis inkl. gesetzl. Mehrwertsteuer
Auslieferung in Österreich:
Pressegroßvertrieb Salzburg, Niederalm 300, A-5081 Anif
Printed in Germany 1982
Druck und Bindung: Mohndruck Graphische Betriebe GmbH, Gütersloh
ISBN 3-8118-3599-8

Inhalt

Rachel Cosgrove Payes

Tauche mit mir im Genetischen Reservoir

COME TAKE A DIP WITH ME IN THE GENETIC POOL

Sie sagen, ich kann es nicht haben. Morgen werden sie es mir wegnehmen, und ich kann überhaupt nichts dagegen tun. Ich habe sie angefleht, ich habe darum gebettelt, es behalten zu dürfen. Ich habe ihnen alles versprochen – alles. Doch es war alles vergeblich.

Warum war ausgerechnet dieses so bedeutend, fragte ich sie. Nächstes Mal . . .

Doch sie antworteten mir, nächstes Mal müßte bald sein. Die Liste war vorbereitet, alle Vorkehrungen waren getroffen. Für dieses Mal blieb keine Zeit. Ich habe das bedeutendste aller Gesetze übertreten, und dafür müssen sie mich bestrafen, sonst wird die Moral der anderen darunter leiden.

Ihre Moral ist mir gleichgültig. Ich hasse ihre Gesetze. Ich habe nicht darum gebeten, herkommen und nach ihren Gesetzen leben zu dürfen. Ich gehöre der Schiffsgeneration an und sollte nicht durch vor so langer Zeit und so weit entfernt erstellte Prä-Schiffs-Gesetze gebunden werden.

Ich hasse sie alle, alle Mitglieder des Genetischen Konzils. Doch am allermeisten hasse ich Gerard, den Bewahrer des Reservoirs. Sie sitzen da und strecken ihre langen, dünnen Nasen in meine Richtung, um mich ernst, feierlich und stumm zu betrachten und um zu versuchen, mich durch ihre bloße Anwesenheit zu brechen. Ich hasse sie. Ich habe sie auch schon vor dieser schrecklichen Zeit gehaßt. Wer gibt ihnen das Recht zu bestimmen? Sie sind alt, alt, sie stammen aus einem anderen Leben, einer anderen Zeit, einer anderen Welt. Ihre Lebenssäfte sind eingedickt, vertrocknet und verschwunden. Sie haben vergessen, so wie ich zu empfinden – wenn sie das je konnten.

Sie behaupten, die Gesetze dienen dem Allgemeinwohl. Ich bin ein Teil der Allgemeinheit, wie kann also etwas nicht für *mein* Wohl sein? Und dies *ist* gut. Ganz gleich, was sie behaupten. Ich weise alle ihre

Lehren zurück. Das Leben sollte so und nicht anders sein, und sie können meine Natur und mein Erbe nicht verleugnen.

Ich habe die alten Bänder gehört, die in der Gruft verwahrt werden, aber davon wissen sie nichts. Wir alle haben sie gehört. Es war Johnny – oder war es Marc? –, der als erster einen Weg fand, die Stimmsperre außer Kraft zu setzen. Wie großartig wir alle uns an jenem Tag fühlten, was für ein herrliches Gefühl es war, klüger als die Prä-Schiffs zu sein. Wir fühlten uns wie die wahre Elite, die geborenen Herrscher, die natürlichen Erben all unserer Besitztümer.

Die Bänder. Wie oft haben wir sie abgespielt. Die Geschichten von der Heimatwelt, die alten Erzählungen von Mut, Abenteuer und Liebe.

Liebe. Das war ein Wort, dessen Bedeutung wir nicht kannten. Wir mußten Nachforschungen anstellen, doch die Bedeutung blieb uns auch weiterhin verborgen. Wie soll man Liebe von einem Band erlernen? Die Prä-Schiffs – wußten sie, was Liebe ist? Wir wußten es nicht, und wir wagten nicht zu fragen. Denn dann hätten sie gewußt, daß wir in die Gruft eingedrungen waren, und sie hätten uns vor das Konzil gerufen. Und bestraft.

Doch keine Strafe kann so unerträglich sein wie meine. Keine. Wie auch? Damals wußten wir nichts von der Liebe. Und nun . . . und nun? Wie soll ich es nur ertragen?

Ich werde niemals die erste Erkenntnis vergessen. Und Rom – wird auch er sich daran erinnern, so wie ich? Er verband sein Schicksal mit meinem, er schwor mir – Jill, ich werde dich immer lieben. Sie können uns nicht trennen.

Doch das kam erst später. Zunächst einmal hörten wir uns all die Bänder an. Es war eine sehr traurige Geschichte von einem alten Geschichtenerzähler mit einem kriegerischen Namen. Die Geschichte eines Jungen und eines Mädchens und ihrer tragischen Liebe. Damals begannen wir zu lernen. Wir begriffen, daß Liebe etwas war, das auf der Koloniewelt unbekannt war. Sex kannten wir. Sex spielt hier eine große Rolle. Wir müssen uns vermehren, sonst verschwinden wir. Wir müssen uns sorgfältig vermehren, nach einem vorherbestimmten Plan, um das Genetische Reservoir zu erweitern. Das kennen wir von Anfang an – es ist fester Bestandteil unseres Lebens. Wir wußten nicht, daß es auch noch einen anderen Weg gibt, einen subtileren, schöneren, schrecklicheren – ja, schrecklicher – als den angestammten, diese einförmige Straße, die uns zum Ziel führen soll.

Nachdem wir das Band angehört hatten, betrachtete ich Rom, und er betrachtete mich. Da sahen wir einander zum ersten Mal wirklich. Oh, ich hatte Rom schon zahllose Male zuvor angesehen. Ich kenne ihn schon ewig – wir gehören beide der Schiffsgeneration an. Ich wußte, daß sein Haar schwarz und glatt war, daß er größer als Johnny, aber kleiner als Marc war. Seine dunklen Augen hatten mich schon oft angesehen, auch die Prä-Schiffs, unsere Welt, alles – aber noch niemals zuvor hatten mich die leicht schräg stehenden Augen auf so besondere Weise angesehen. Plötzlich wollte ich den Umrissen seines vorstehenden Wangenknochens mit den Fingern folgen. Ich wollte etwas zu ihm sagen, irgend etwas, aber ich war zu schüchtern. Schüchtern. Gegenüber Rom, meinem Gruppenpartner und ständigen Gefährten. Dann berührte er meine Hand, und das war außergewöhnlich. Ich kann es nicht erklären. Wer um das Geheimnis der Liebe weiß, wird es verstehen. Doch wie sollte ich es je einem Angehörigen der Prä-Schiffs-Generation erklären? Worte reichen nicht aus. Es ist ein Gefühl, ein Gefühl tief im Innern, ein Gefühl wie Feuer – manchmal wunderbare Wärme, manchmal verzehrende Glut. Doch nun bleiben mir nur graue Asche und Kälte.

Mein Mund ist bitter vor Asche. Mein Herz ist ausgebrannt. Wie soll ich weiterleben, wenn alles aus ist?

Rom, Rom, Geliebter, mein einziger Geliebter. Wo bist du jetzt? Welche Strafe haben sie dir auferlegt? Sie kann der meinen keinesfalls gleichen. Wirst du ihnen gehorchen? Kannst du das überhaupt, wenn du mich liebst?

Eine Woche, zwei Wochen, zwei Monate – die Zeit verging und schritt voran, doch mich kümmerte nicht, welchen Tag wir schrieben, ich wußte es nicht. Ich ging auf in unserer Liebe. Ich sah nur Rom. All das lag außerhalb jeglichen Verständnisses, wie eine sich sanft entfaltende Blüte, die die Wärme unserer Liebe zum Wachstum anregte. Sie wandte sich uns zu, dem Licht unserer Liebe, und umfing uns mit ihrer Schönheit. Zärtlichkeit wurde zu Hingabe, und die Hingabe wurde . . . die Hingabe führte zum verzweifeltsten Tag meines Lebens. Rom, Rom, wo bist du? Könntest du mich doch nur in den Armen halten, vielleicht könnte ich dann alles leichter ertragen.

Unsere Liebe trug Früchte – und plötzlich hatte ich Angst. Zum ersten Mal erkannte ich, was das bedeuten mußte. Wir waren so jung, und wir waren noch nicht berufen worden. Was, wenn . . . aber das konnte nicht sein. Ich war verliebt, und ich wußte, alles würde sich so wenden, wie ich es mir wünschte. Ich erinnere mich an einen Ausspruch von den Bändern: Liebe macht blind. Als ich das zum ersten Mal hörte, da lachte ich. Liebe. Wie konnte dieses wunderbare, überwältigende Gefühl, diese allumfassende Emotion, denn blind machen? Liebe bedeutete Erkenntnis. Noch niemals zuvor waren mir die Pflanzen mit ihren malvenfarbenen Blättern so herrlich erschienen, wenn ich an ihnen vorüberging und ihre Wedel an meinen Hüften entlangstrichen. Der sanfte Duft ihrer Früchte, die ich mit meinem Körpergewicht zerdrückte, erinnerte mich an den Duft der Früchte, die wir auf unserem Liebeslager mit unseren Körpern zerdrückt hatten. Niemals zuvor hatten die hellen Sterne so wunderbar in der kalten, schwarzen Nacht geleuchtet. Alle vertrauten Konstellationen waren da, um mich zu führen – das Schiff, der Rat der Sieben, das Katzending, das Reptil. Das sollte Blindheit sein? Nein, zum ersten Mal in meinem Leben konnte ich sehen, konnte ich frei und ungehindert und ungetrübt sehen.

Und dann kam Tina in meine Zelle. Sie war ganz Entzücken, ihre blauen Augen funkelten, während sie mir erzählte, daß die Liste verkündet wurde, die Berufungen bekanntgegeben wurden.

Ich glaube, schon damals wußte ich es. Selbstverständlich sagte sie mir nichts. Rom und ich hatten mit niemandem über unsere Liebe gesprochen, nicht einmal mit unseren Gruppenpartnern. Es war eine private Angelegenheit, eine herrliche und einzigartige persönliche Erfahrung, die man mit niemandem teilen durfte, sondern die man für sich behalten und verbergen mußte.

Ich ging widerstrebend, und Tina konnte mich nicht verstehen. Sie war mit Franco gepaart worden, und damit war sie zufrieden – aber nicht verliebt, nicht verliebt. Wir wußten nicht, ob sich andere unserer Gruppenpartner liebten. Es interessierte uns auch nicht. Einzig unsere gegenseitigen Gefühle zählten. Daher schleppte ich mich weiter, von bösen Vorahnungen erfüllt. Doch der Augenblick der Wahrheit ließ sich nicht länger hinauszögern. Ich stand vor der Liste, mein Finger folgte den Namen. Ich wollte es wissen – und wollte es auch wieder nicht wissen. Ich wurde von der Intensität meiner Gefühle zermalmt. Und dann fand ich endlich meinen Namen – Jill. Mein Blick glitt zu der Spalte, in der der Partner eingetragen war – Kendy. Nicht Rom. Nicht mein Geliebter, sondern Kendy, Kendy mit den grauen Augen und dem Haar von der Farbe des Sternenlichts. Rom wurde mit Hannah gepaart.

In diesem Augenblick erkannte ich, was Wahnsinn ist. Ich fand mich an jenem geheimen Ort wieder, wo Rom und ich einander unsere Liebe geschworen hatten, unter den Malvenblättern, doch ich wußte nicht zu sagen, wie ich dorthin gelangt war. Ich wartete auf Rom, doch er kam nicht. Ich wartete, bis die Sonne tief am Horizont stand und die Farne lange Schatten warfen, deren Finger zur Basis deuteten. Dann erst trieb mich die Furcht vor den Katzendingern, die des Nachts ihr Unwesen treiben und die Unachtsamen mit scharfen Klauen zerreißen, wieder zurück.

Rom war bei Hannah. Sie klammerte sich besitzergreifend an seinen Arm und betrachtete ihn stolz – aber ohne Liebe.

Als Kendy meine Schulter berührte, schrie ich. Ich sah den Schmerz in Roms Gesicht, doch er kam nicht zu mir. Er trat einen Schritt nach vorn – wollte er zu mir kommen? –, doch Hannah zog ihn zurück, und er blieb bei ihr.

Ich sagte es ihnen, ich schleuderte es allen Mitgliedern des Genetischen Konzils ins Gesicht. Sie saßen auf ihren Plätzen und betrachteten mich mit kalten, unbarmherzigen Blicken. Gerard, der Bewahrer des Reservoirs, sprach das Verdikt aus. Es war ein Wort, das ich überhaupt nicht kannte. Sie sprachen es aus, als wäre es abscheulich und bösartig. Die erste, sagten sie. Die erste der Schiffsgeneration. Gelegentlich im Verlauf der langen Reise war das nötig gewesen, wegen der Strahlenschäden, doch seit das Schiff gelandet war, hatte keine Notwendigkeit mehr bestanden, es durchzuführen. Und nun ich. Das war abstoßend und schockierend. Ein Schandfleck. Sie hörten nicht auf mein Flehen.

Keine Zeit, sagten sie. Keine Zeit, du kannst das Kind unmöglich austragen. Du darfst den Plan nicht stören, sagten sie. Du paarst dich mit Kendy, Rom paart sich mit Hannah – nur auf diese Weise läßt sich das Schema aufrechterhalten. Nur so läßt sich das Genetische Reservoir rein erhalten. Nur durch Einhalten des Schemas kann die Kolonie überleben.

Nun liege ich hier und warte, warte, warte, während das häßliche Wort in meinen Ohren dröhnt. Ich kannte das Wort vorher nicht, doch sie haben mir seine Bedeutung drastisch verdeutlicht. Morgen wird der Arzt die Abtreibung durchführen, und die Frucht unserer Liebe wird nicht mehr sein.

Gregory Benford

Alte Frau am Straßenrand

OLD WOMAN BY THE ROAD

Eine alte Frau in einem formlosen, zerknitterten Kleid und ausgetretenen Schuhen saß am Straßenrand. Durch die Kiefern, die dicht an dicht das weiße Band der Straße säumten, wehte eine leichte Brise, und ich war außer Atem vom schnellen Marschieren. Die alte Frau saß schweigend und regungslos da. Ich wäre beinahe vorbeigelaufen, ehe ich sie bemerkte.

„Sie ruhen sich sicher etwas aus?" fragte ich.

„Ich warte." Ihre Stimme klang trocken, und beim Ausatmen raschelte es wie Laub in ihrer Kehle. Sie saß auf einem braunen Pappkoffer mit kupfernen Schließen. An der Seite war er aufgeplatzt, und weißer Stoff schaute hervor.

„Auf den Bus?"

„Auf Buck."

„Der Hubschrauber hat durchgegeben, der Bus würde oben vor der Biegung halten", erklärte ich. „An der Hauptstraße."

„Ich weiß."

„Hier in der Nebenstraße kommt er gar nicht vorbei."

Ich war selbst spät dran und nahm an, sie habe sich den falschen Platz zum Warten ausgesucht.

„Buck wird schon kommen." In ihrer hohen Stimme schwang der nasale Akzent der Landbevölkerung mit. Auch ich hatte so einen Klang in der Stimme, aber im Moment sprach ich meine Vokale klar aus, und der Akzent der alten Frau erinnerte mich daran, wie lang mein Weg gewesen war.

Ich folgte der lang geschwungenen Biegung des Sandweges mit den Augen. Aus einer Nebenstraße kam knatternd ein offener Lieferwagen und bog in die tiefen Radspuren im weißen Sand ein. Auf der Pritsche hockten Leute mit ein paar Kisten und Koffern und einem 3-D-Gerät. Sie nahmen an Wertsachen mit, soviel sie konnten, aber die von draußen hatten uns nicht viel Zeit gelassen.

„Wer ist Buck?“

„Mein Hund.“ Sie blickte mir ins Gesicht, als müsse es doch völlig klar sein, wer Buck war.

„Sehen Sie mal, der Bus . . .“

„Du bist doch der Bishop-Junge, nicht wahr?“

Ich schaute wieder zur Seite und die Straße entlang. Diese paar Worte „der Bishop-Junge“ knirschten mir wie Sand zwischen den Zähnen. Bevor ich an die Universität ging, hatten die Freunde meiner Mutter immer diese Worte gebraucht, wenn sie auf einen Bridge-Abend herüberkamen. Es schien nie ein Weg daran vorbeizuführen, es zuzugeben und mich damit in eine geistige Schublade einordnen zu lassen. Das war damals so, und jetzt war es nicht anders. Ich sagte: „Ja, der bin ich.“ Die Worte kamen deutlich heraus.

„Genau wie ich dachte.“

„Sie sind . . .?“

„Elisabeth McKenzie.“

„Aha.“

Wir hatten dem Ritual Genüge getan, und nun konnten wir uns unterhalten.

„Ich habe deine Großmutter sehr gut gekannt.“

„Mrs. McKenzie . . .“

„Ich bin ganz sicher, daß ich dich auch mal gesehen habe. Ist schon lange her. Es war bei einem von diesen Fischessen, die deine Großmutter gab. Du und noch ein paar kleine Jungen spielten am Wasser mit den Netzen rum, und mein Mann ging hin, um euch von den Booten wegzuscheuchen. Ich nahm Flundern aus, und dein Großvater kümmerte sich um das Feuer. Das war unten am Point Clear.“

„Ich glaube, ich erinnere mich auch daran. Mrs. McKenzie, bald kommt der letzte Bus.“

„Ich warte noch auf Buck.“

„Wo ist er denn?“

„In den Wald gelaufen.“

Ich verschob die Riemen meines Rucksacks auf den Schultern. Sie knarrten in der Stille.

Viel Zeit blieb nicht mehr. Bald würde es losgehen. Einer der großen Reflektorspiegel, die die von draußen im synchronen Orbit hielten, würde seinen Lichtstrahl auf eine mit Gasen gefüllte, aufladbare Röhre richten. Die Gase würden ihre Molekularphasen durchlaufen und durch das einfallende Licht erregt werden. Damit würde die Lasertätigkeit einsetzen. Von ihrem bevorzugten Quantenzustand würden die erregten Moleküle gemeinsam in den nächsttieferen Zustand überschwappen, und während die Welle die Röhre entlangwanderte, würde sie weitere Photonen losreißen. Die Photonen würden sich gegenseitig in der Phase verstärken und sich zu einer intensiven Welle mit wachsender Amplitude aufbauen. Aus der hundert Meter langen Röhre würde ein Strahl durch die Atmosphäre und die Wolkendecke über uns hindurchschießen. Und statt auf ein Feld beschichteter Halbleiterkollektoren bei Mobile zu treffen, würde der Strahl eine zwanzig Meter breite Schneise durch die Wälder und Felder um uns herum sengen.

„Der Bus kommt", mahnte ich.

Sie sah mich nur an.

„Ich trage Ihren Koffer."

„Das kann ich schon selber." Mit zugekniffenen Augen blickte sie in die Ferne, und ich sah, daß sie todmüde war, so müde, daß sie es selbst nicht mehr merkte.

„Ich komme mit Ihnen, Mrs. McKenzie."

„Ehe Buck nicht zurückgekommen ist, gehe ich nicht."

„Der Bus . . . Lassen Sie doch den Hund, Mrs. McKenzie."

„Ich bin auf den ollen Bus nicht angewiesen."

„Wieso nicht?"

„Meine Kinder sind vor ein paar Stunden mit ihren Familien nach Mobile gefahren. Sie haben gesagt, sie würden wiederkommen und mich abholen."

„In meinem Instet-Radio . . ." – ich tippte an meine Schläfe – „. . . habe ich gehört, die Straßen nach Mobile seien völlig verstopft. Womöglich schaffen sie es nicht zurück."

Sie ruckte mit ihren mageren Beinen auf dem Koffer hin und her. „Meine Kinder sind schon sehr früh abgefahren."

„Aber . . ."

„Sie laden dort einen Haufen Sachen aus ihrem neuen Haus ab. Danach kommen sie zurück und holen mich. Das haben sie versprochen."

„Woher sollen sie denn wissen, wo Sie sind?"

„Ich habe ihnen gesagt, daß ich versuche, zu Fuß zur Hauptstraße zu laufen. Habe es bloß nicht ganz geschafft, das ist alles." Sie blinzelte in die Sonne. „Sie wissen schon, daß ich hier unten bin."

„Aber trotzdem wird es Zeit . . .“

„Mir passiert nichts, nur keine Sorge. Es sind gute Kinder. Sie danken mir alles, was ich für sie getan habe.“

„Ich glaube wirklich, Sie sollten den Bus nehmen, Mrs. McKenzie.“

„Ohne Buck gehe ich nicht. Buck habe ich schon, seit er ganz . . .“ Sie brach ab, und ich blinzelte mir den Schweiß aus den Augen und schaute um mich. Ringsum erstreckte sich Kiefernwald mit einigen Eichen, deren knorrige Wurzeln sich über den Sandboden wölbten. Ein Hund konnte hier praktisch überall sein. Das Land war flach und lag kaum höher als der Meeresspiegel. Ich hatte im Baldwin County ein bißchen zelten und mich erholen wollen. Fünf Tage war ich schon hier, hatte auf dem Fish River gerudert und nach den Stätten gesucht, die ich als Junge gekannt hatte, damals, als meine Großmutter Boote vermietete und in einem alten, weitläufigen Fischerhaus wohnte. Die Insel genau in der Mitte des Fish River, die in meiner Erinnerung groß und geheimnisvoll aussah und die ich Schatzinsel getauft hatte, bestand jetzt aus ein paar Bäumen auf einem Klumpen Schlamm. Die ständige Strömung hatte sie hinweggeschwemmt. Jetzt war dort alles Morast, und das schwarze Wasser schmeckte wie schwacher Tee. Aber es war alles schön, die Seitenarme und die Strömungen im tiefen Fluß, die an meinem Ruderboot zerrten. Ich hatte auf der Landzunge gezeltet, wo der Fish River einen Bogen macht, bevor er sich geraden Laufs in die Bucht ergießt. Eines Morgens hatte mich der Hubschrauber aufgeweckt, der den Alarm herausdröhnte. Die von draußen gaben vier Stunden Frist, hieß es. Sie hatten diese vierzig Quadratkilometer in Süd-Alabama und zwei weitere Stellen in Asien nach dem Zufallssystem herausgepickt, um ein Exempel zu statuieren. Die großen Zylinder-Gemeinwesen, die die Erde umkreisten, würden ihre Lasereinrichtungen, die zum Übermitteln von Energie aus dem Orbit gedacht waren, zum Sengen und Brennen benutzen. Weitere Schläge waren angedroht, bis die Erde den Zylinderwelten völlige Unabhängigkeit zugestand. Aber ein wirkliches Gleichgewicht der Kräfte konnte es nicht geben. Wenn die von draußen erst freie Hand hatten, konnten sie die Erde nach ihrer Pfeife tanzen lassen. Sie hatten die ökonomische Macht und jetzt auch noch die militärische. Vielleicht war das nicht einmal so schlimm: Sie waren die Tüchtigsten, die die Erde hervorbringen konnte.

Darüber hatte ich viel nachgedacht, als ich auf der Landzunge war. Es war gar nicht so einfach zu entscheiden, auf welcher Seite man eigentlich stehen sollte. Die Leute im Orbit waren großartige Kerle und mir sehr ähnlich. Viel ähnlicher jedenfalls als die Leute im Baldwin County, selbst wenn ich hier aufgewachsen war. Ich hatte schon eine Zeitlang mit Laser-Technologie gearbeitet und wußte, daß die Zukunft dem Orbit gehörte. Die von draußen waren klug und wußten, wann es zu handeln galt.

„Wo ist Buck hin?“ fragte ich mit entschlossener Stimme.

„Er . . . da drüben.“ Ein mattes Winken der Hand.

Ich legte meinen Rucksack auf die Böschung, wo das Kriechgras ihn festhielt. Aus einem ausgefahrenen Seitenweg kam mit heiserem Summen ein Auto. Bleiche, aneinandergedrängte Gesichter sahen uns aus großen Augen an, dann trat der Fahrer den Wasserstoffhebel durch, und sie waren verschwunden.

Ich betrat den niedrigen Kiefernbestand an der Straße. Unter meinen Stiefeln huschten Sandfliegen davon. Der weiße Sand gab sein leises Quietschen von sich, wenn meine Sohlen darüberrutschten. Ich erinnerte mich, wie ich als Junge dieses Geräusch hier zum ersten Mal gehört hatte – ich trug damals Tennisschuhe – und mir schließlich zusammengereimt hatte, wie es zustande kam.

„Buck!“

Links von mir leuchtete etwas Braunes auf, und ich lief hin. Ich rannte durch ein Kieferndickicht, und der Hund kläffte und verdrückte sich eiligst unter ein Schlehdorngebüsch. Ich rief noch einmal nach ihm. Der Hund lief nicht einmal langsamer. Ich schlug einen Bogen nach links. Er verschwand im Eichenunterholz, und ich hörte, wie er sich darin verhedderte, sich wieder losriß und auf der anderen Seite herauskam. Da war er schon fünfzig Meter entfernt und lief schnell.

Als ich zu der alten Frau zurückkam, schien sie gar keine Notiz von mir zu nehmen. „Ich kann Buck nicht einfangen, Mrs. McKenzie.“

„Das hätte ich dir gleich sagen können.“ Sie lachte mir ehrlich amüsiert ins Gesicht. „Buck ist ganz schön fix.“

„Rufen Sie doch mal nach ihm.“

Sie lächelte abwesend und hob die Hände an den Mund. „Buck! Hierher, mein Junge!“

Die niedrigen Kiefern verschluckten das Geräusch.

„Muß weggelaufen sein.“

„Hören Sie, Mrs. . . .“

„Du hast ihn scheu gemacht. Er kommt nicht, wenn jemand da ist, den er nicht kennt.“

„Wir haben nicht die Zeit, auf ihn zu warten."

„Ohne den alten Buck gehe ich nicht. Als ich ganz allein unten am Fluß in dem alten McAllister seinem Haus war und das Wasser ums Haus herum stieg, da war Buck meine einzige Gesellschaft. Fünf Wochen lang die einzige lebende Seele, die ich gesehen habe, als wir den großen Sturm hatten."

Ein leises Dröhnen. „Das dürfte der Bus sein."

Sie legte den Kopf schief. „Ja, ich höre auch etwas."

„Nun kommen Sie schon. Ich trage Ihren Koffer."

Sie machte einen Schmollmund und kreuzte die Arme. „Ich werde von meinen Kindern abgeholt. Ich habe ihnen gesagt, daß ich hier irgendwo zu finden bin."

„Ihre Kinder schaffen es vielleicht nicht rechtzeitig."

„Es sind zuverlässige Kinder."

„Mrs. McKenzie, ich kann nicht so lange warten, bis Sie Vernunft annehmen." Ich nahm meinen Rucksack auf und fegte ein paar rote Ameisen hinunter, die auf den Riemen umherkrabbelten. „Sind Sie von McAllisters Haus bis hierher zu Fuß gekommen?" Ich hievte den Rucksack auf eine Schulter und schwang ihn dann auf die andere.

„Ja."

Das Haus des alten McAllister lag gute fünf Kilometer entfernt. Klar, daß sie erschöpft war und hier verschnaufen wollte.

„Vernunft annehmen. Ihr Bishops hattet es immer mit der Vernunft." Ihre Augen verengten sich. In ihrem Gesicht standen viele Erinnerungen.

„Darum möchte ich ja, daß Sie jetzt mitkommen."

„Deine Oma hat andauernd von dir gesprochen." Sie warf einen Blick zum Himmel. „Du warst doch da oben, stimmt's?"

„Ja, das stimmt."

„Und du gehst wieder zurück. Du warst hier unten nur auf Urlaub."

Ich schaute die jetzt verlassene Straße hinunter.

„Es sind also deine Leute da oben."

„Es scheinen gerade die Falschen die Hand am Hebel zu haben."

„Dieselben wie immer." Sie zog die Nase hoch.

„Mrs. McKenzie, da kommt der Bus." Das Turbogeräusch ging in ein hohes Sirren über, als der Bus unterhalb der Biegung von der asphaltierten Straße abbog. „Es ist der letzte."

„Geh du nur." Sie setzte sich mit ihrem vollen Gewicht zurück auf ihren Koffer. Ich streckte die Hand aus, um ihren Arm zu ergreifen, und ihr Gesicht nahm einen anderen Ausdruck an. „Rühr mich nicht an, Junge."

Mir wurde klar, daß weder Überredungskunst noch Gewalt sie um diese letzte Straßenbiegung bringen würde. Bis hierher und nicht weiter war sie gelaufen; den Rest des Weges würde die Welt sich schon zu ihr bemühen müssen.

Der Busfahrer dort vorne war hier, an seinem letzten Haltepunkt, wahrscheinlich schon spät dran. Er würde nervös und mehr als ein bißchen verängstigt sein. Die von draußen würden pünktlich anfangen, das wußte er nur zu gut.

Ich rannte los. Unter meinen Füßen gab der Sand nach. Ich merkte, daß mich das Traben und Laufen bis hierher schon mehr angestrengt hatte, als mir bewußt gewesen war. Ich quälte mich durch die tiefen Radspuren. Der ganze verdammte Planet zerrte an meinen Füßen und hielt mich unten fest. Etwa zweihundert Meter weit war ich schon um die Biegung gekommen und fast in Sichtweite des Busses, als ich den Motor aufheulen hörte. Ich lief schneller und spürte den Geschmack von Schweiß im Mund. Der Fahrer schaltete den Motor hoch, er hatte es eilig. Er mußte auf mich zukommen, wenn er für die Rückfahrt nach Mobile auf die Route 80 einbog. Vielleicht konnte ich es rechtzeitig zur Hauptstraße schaffen, so daß er mich sehen und anhalten würde. Mir war klar, daß jetzt alles davon abhing, wie schnell ich vorwärts kam, also zog ich den Kopf ein und rannte.

Rannte.

Aber dort unten saß immer noch die alte Frau. Um zu ihr zu kommen, würde der Fahrer den Bus den Sandweg mit den tiefen Radspuren hinuntermanövrieren müssen und Gefahr laufen steckenzubleiben. Alles für die alte Frau mit den dankbaren Kindern. Sie schien nicht zu verstehen, daß es am Himmel jetzt undankbare Kinder gab. Sie schien überhaupt nicht viel von allem zu verstehen, was da vor sich ging. Und auf einmal war ich mir gar nicht mehr so sicher, daß das bei mir anders war.

Robert Silverberg

Das Sempoanga-Problem

THE TROUBLE WITH SEMPOANGA

Als Helmut Schweid beschloß, im Urlaub nach Sempoanga zu gehen, da kannte er die Risiken selbstverständlich, ging jedoch davon aus, daß sie für ihn keinerlei Gefahr bildeten. „Du wirst dir *Zanjak* holen und die Quarantäne nie mehr verlassen dürfen", warnten ihn seine Freunde. Helmut lachte. Er war ein vorsichtiger Mann, besonders bezüglich seines Körpers. Er würde es vermeiden, *Zanjak* zu bekommen, indem er ganz einfach nicht mit Frauen ins Bett stieg, die *Zanjak* hatten. So einfach war das, oder etwa nicht?

Man war sich allgemein darin einig, daß Sempoanga der schönste Planet in der ganzen Galaxis war. Wer einen Sonnenaufgang auf Sempoanga gesehen hat, sagte man, dem ist es gleichgültig, ob er hinterher überhaupt noch etwas zu sehen bekommt. Das Problem mit Sempoanga war jedoch, daß die eingeborenen Humanoiden einen gräßlichen Parasiten beherbergten. Es gab nur einen Weg, diesen Parasiten zu übertragen – durch Geschlechtsverkehr. Und da die Eingeborenen von Sempoanga um ein Vielfaches unattraktiver sind als die dortigen Sonnenaufgänge, nimmt es eigentlich wunder, daß sich überhaupt je ein Mensch anstecken konnte. Aber irgendwie hat es eben mal einer geschafft, und der Parasit hatte sich rasch dem menschlichen Körper angepaßt, sich vermehrt und war bemerkenswert ansteckend geworden, und in der Vergangenheit hatten sich viele Besucher Sempoangas mit schrecklichen Ergebnissen untereinander angesteckt. Biologen arbeiteten an einer Heilmethode. Sie hofften, in wenigen Jahren schon erste Resultate zu sehen. Zwischenzeitlich durfte keiner Sempoanga ohne eine gründliche Untersuchung verlassen, und wer sich *Zanjak* geholt hatte, mußte auf Dauer dortbleiben. Denn die Auswirkungen des Parasiten auf den menschlichen Geschlechtsapparat waren so erstaunlich, daß die Zukunft der gesamten Rasse auf dem Spiel stand, wenn er sich auch auf den anderen zivilisierten Welten auszubreiten vermochte.

Während der ersten Tage seines Aufenthalts auf Sempoanga war

Helmut so emsig damit beschäftigt, den herrlichen Planeten selbst zu erkunden, daß er kaum Gefahr lief, sich eine Geschlechtskrankheit zuzuziehen, weder die altbekannten Varianten noch die exotische hiesige Art. Seine Heimatwelt, Waldemar, war ein frostiger Ort, wo während drei Vierteln des Jahres ein eisiger Winter herrschte, und daher genoß er den ewigen Tropensommer auf Sempoanga ganz besonders. Er bereiste alle Wunder von der Dämmerung bis Mitternacht – die Hargillinfälle, wo das Wasser die Farbe von Rotwein hat, den Stinivonggipfel, einen makellosen Berg aus Obsidian am Rande eines phosphoreszierenden, mit rosa Gas gefüllten Teichs, und schließlich die Blasen, wo unterirdische psychedelische Dämpfe mit an Verzückung grenzenden Auswirkungen durch poröses gelbes Felsgestein in die Höhe stiegen. Er rannte nackt durch einen Hain fleischiger Farne, die ihn mit ihren saftigen Wedeln umfingen. Er schwamm in kristallenen Flüssen, Auge in Auge mit harmlosen Riesenschildkröten von der Größe durchschnittlicher Inseln. Jede Nacht taumelte er herrlich müde ins Hotel zurück, wo er sich allein in seine Schlafröhre fallen ließ und eingie Stunden schlief.

Doch nach jenen ersten gierigen Zügen der Naturwunder meldeten sich seine gesellschaftlichen Instinkte zu Wort. Am vierten Tag sah er eine hinreißend aussehende Wasserstoffblonde von einer der Rigel-Welten auf dem Gravitationsballfeld. Sie beantwortete sein gefesseltes Grinsen mit einem auffordernden, kecken Lächeln und verabredete sich rasch zum Abendessen mit ihm. Alles war herrlich, bis sie sich schließlich während des Essens kurz entschuldigte, woraufhin der Kellner, der die Brandys brachte, Helmut zuflüsterte: „Vorsicht bei der. *Zanjak.*“

Er war wie vom Donner gerührt. Wollte sie das etwa vor ihm verheimlichen? Nein, sie war ehrlich zu ihm. Während sie im Licht der fünf Monde durch den Garten schlenderten, sagte sie zu ihm: „Ich würde gerne die Nacht mit Ihnen verbringen. Aber nur, wenn Sie auch schon angesteckt sind. Ich bin es nämlich.“ Und das war es dann schon gewesen. Er brachte sie zu ihrem Zimmer und küßte sie warm und sanft zum Abschied. Er erschauerte einen Augenblick, als ihr weicher und eleganter Körper sich an seinen preßte, doch er konnte entkommen, ohne eine Dummheit zu begehen.

In der darauffolgenden Nacht, als er allein in der Cocktailbar des Hotels saß und sich mehr als einsam fühlte, fiel ihm eine andere Frau auf, der auch er aufgefallen war. Sie hatte dunkle Haare und lange

Beine, und sie war wahrscheinlich etwas jünger als er. Sie tauschten Blicke, dann ein Lächeln, schließlich tippte er gegen sein leeres Glas, woraufhin sie nickte. Dann standen sie beide auf, gingen zur Bar und luden einander rituell gegenseitig zu einem Drink ein. Ihr Name war Marbella, und sie weilte seit etwa einem Monat hier, um einer gescheiterten Sechserehe auf Tlon zu entfliehen. „Die Scheidung wird *Jahre* dauern", informierte sie ihn. „Es ist ein universell freier Planet, und wir sechs stammen von vier verschiedenen Welten. Die Gesetze der jeweiligen Heimatplaneten sind voll gültig. Einige Anwälte sind nicht einmal Menschen . . ."

„Und Sie möchten sich auf Sempoanga verbergen, bis alles vorüber ist?"

„Können Sie sich einen besseren Ort vorstellen?"

„Mit Ausnahme der . . ."

„Tja, zugegeben, *das* Problem existiert hier. Aber schließlich hat jedes Paradies seine kleine Schlange." Sie wechselte rasch das Thema. „Ich habe Sie heute morgen am Windpollenfeld gesehen. Sie sahen aus, als wollten Sie es auch mal versuchen."

„Wie wird es gemacht?" fragte Helmut. Er hatte zugesehen, wie Hotelgäste sich an die riesigen Windpollen von Pilzen geklammert hatten, worauf diese augenblicklich von ihren Wurzeln abgetrennt worden waren und einen anscheinend kontrollierten Flug über den goldenen Mangalolesee begonnen hatten.

„Soll ich es Ihnen beibringen? Es kommt nur darauf an, die Wasserstoffsynthese des Pollens zu kontrollieren. Wenn Sie ihn in eine Richtung streicheln, dann steigt er höher, in der anderen sinkt er. Dann müssen Sie noch lernen, die Thermik auszunützen. Woher kommen Sie?"

„Waldemar."

„Brrr", sagte sie. „Sind Sie zum Abendessen noch frei?"

Ihm gefiel ihre herausfordernde und aggressive Art. Sie verabredeten sich zum Abendessen und machten aus, gleich am nächsten Morgen die Windpollen auszuprobieren. Was sich dazwischen abspielen würde, blieb unerwähnt, und daher sah Helmut sich wieder einmal mit dem Problem *Zanjak* konfrontiert. Sie war bereits lange genug hier, um sich anstecken zu können, und da sie überdies aus einer turbulenten Ehe ausgebrochen war, schien es wenig wahrscheinlich, daß sie hier ein asketisches Leben geführt hatte. Trug sie andererseits den Parasiten in sich, dann würde sie ihn gewiß rechtzeitig darüber informieren, wie es die andere Frau auch getan hatte. Solche Dinge schienen hier einfach zu den guten Umgangsformen zu gehören.

Beim Essen unterhielten sie sich über ihre komplexe Ehe, dann über seine einfachere, die aber schlußendlich ebenfalls im Desaster geendet hatte, des weiteren kurz über seinen und ihren Beruf und dann noch kurz über seinen und ihren Planeten. Schließlich landeten sie bei den Freuden von Sempoanga. Er mochte sie sehr. Und der Glanz in ihren Augen verriet ihm, daß er auf sie ebenfalls Eindruck machte.

Doch als er sie dann auf sein Zimmer bat, wies sie ihn ab – warm und voller Bedauern, das aufrichtig gemeint schien. Dies war die letzte Nacht ihrer fünftägigen Empfängnisverhütungsmittelpause, informierte sie ihn. Sie war augenblicklich so fruchtbar wie ein Nerz, daher wollte sie sich nicht darauf einlassen. Sie wirkte aufrichtig. „Wissen Sie, dies ist nicht die letzte Nacht", sagte sie, und ihr Lächeln ließ daran keinen Zweifel.

Am nächsten Morgen trafen sie sich beim Windpollenfeld, wo sie ihm rasch und gekonnt beibrachte, wie er die großen Organismen kontrollieren konnte. Schon nach einer Stunde flogen sie durch die Luft. Sie überquerten den See und landeten an den anmutigen Hängen des zerklüfteten Monolang, wo sie ein Essen aus sonnengegrillten Fischen und Weinbeeren zu sich nahmen. Später rannten sie lachend zu einem glitzernden Bach. Als sie nach dem Baden auf dem glasigen Fels lagen und sich sonnten, suchte er ihren nackten Körper so unverfänglich wie möglich nach Spuren von *Zanjak* ab – eventuelle Schwellungen um die Hüften oder kleine rote Pusteln unterhalb des Nabels, vielleicht sonst etwas, das ungewöhnlich aussah. Nirgends war etwas sichtbar. Die Broschüre über *Zanjak,* die wohlweislich auf dem Nachttisch seines Hotelbetts lag, hatte ihn informiert, daß *Zanjak* keinerlei äußere Spuren hinterließ, aber das trug nicht zur Minderung seiner Unsicherheit bei.

Es wäre sehr einfach gewesen, sie an den Hängen dieses glasigen Berges zu lieben, doch seine Unsicherheit hielt ihn zurück, und sie ergriff ebenfalls nicht die Initiative. Schließlich zogen sie sich wieder an und setzten ihren Flug fort. Sie unterbrachen ihre Reise nochmals, um ein Eingeborenendorf zu besuchen – es waren warzige Geschöpfe mit flachen Gesichtern und pelzigen, falterähnlichen Fühlern, so häßlich, daß er sich fragte, welcher Tourist verzweifelt genug gewesen sein konnte, daß er sich den Parasiten von *ihnen* geholt hatte –, und später am Nachmittag, während sie über ein Feld mild aphrodisischer Blüten gingen, verfielen sie in eine jener kurzen und intimen Konversationen, die nur solche Menschen führen, die zu Liebhabern werden. „Was für ein herrlicher Tag dies gewesen ist", sagte sie ihm auf dem Rückweg zum Hotel.

In dieser Nacht bat sie ihn auf ihr Zimmer. Doch während sie sich auszogen, hämmerten nur zwei Themen in seinem Kopf. Das eine war seine Bewunderung ihrer Schönheit, Wärme und Intelligenz sowie ihrer begehrenswerten Art. Und das andere war *Zanjak, Zanjak, Zanjak.*

Was sollte er tun? Er kam im gedämpften Licht zu ihr. Er stellte sich vor, wie er zu ihr sagte: „Vergib mir Marbella, aber ich muß es wissen. Dieser schreckliche Parasit . . . diese furchtbare Krankheit . . ." Und er konnte förmlich sehen, wie sie angesichts dieser taktlosen Frage vor Wut schäumen würde, worauf unweigerlich gleich die Frage folgen würde, ob er sie denn für die Art von Frau halte, die etwas so Abscheuliches vorsätzlich vor ihm verbergen konnte, und dann würde sie ihn in den Flur stoßen, die Tür zuschlagen und ihm Flüche hinterherschreien . . .

Er gab nach. Sie lächelte. Ihre Augen brannten vor Verlangen, jeder Gedanke an Widerstand war absurd. Er zog sie in die Arme.

Für den Rest der Woche waren sie Tag und Nacht unzertrennlich. Aber er gab sich keinen Illusionen hin: Dies war nur ein Urlaubsflirt, und wenn seine Zeit abgelaufen war, dann würde er nach Waldemar zurückkehren, und das wäre das Ende. Doch solange es andauerte, war es wunderbar. Sie war eine angenehme Gefährtin, und sie schien sich aufrichtig und rückhaltlos in ihn verliebt zu haben, was ihn fast schon etwas bekümmerte. Er übte bereits die Rede ein, die er ihr halten würde, wenn er ihr mitteilen mußte, daß dringende Geschäfte es ihm leider nicht ermöglichten, seinen Urlaub auf Sempoanga über die noch verbleibenden fünf Tage hinaus auszudehnen.

Und dann, eines Morgens, während sie dösend im Bett lagen, verspürte er eine unangenehme Regung im Inneren, fast so, als würde ein winziges Geschöpf in umgekehrter Richtung seinen Harnleiter hinaufschwimmen.

Er sagte nichts zu ihr. Doch nach dem Frühstück erfand er die Notwendigkeit, einen dringenden Anruf nach Waldemar tätigen zu müssen, und begab sich voller Entsetzen zur Krankenstation des Hotels, wo ein nüchterner und unfreundlicher Arzt eine Untersuchung durchführte und ihm mitteilte, daß er *Zanjak* hatte. „Sehen Sie diese winzigen roten Fleckchen in Ihrem Urin? Nur wenige Mikron im Durchmesser. Das sind eindeutige Symptome. Und die Blutprobe ... die ist voller Ausscheidungen von *Zanjak.*"

Helmut zitterte. „Ich kann es höchstens ein paar Tage haben. Vielleicht haben wir es so frühzeitig entdeckt ..."

„Tut mir leid. Diese Möglichkeit scheidet aus."

„Was mache ich jetzt nur?" fragte er tonlos.

Der Arzt gab bereits Daten in ein Terminal ein. „Zuerst einmal setzen wir Sie auf die Krankenliste. Damit ist ein Eintrag im Paß verbunden. Sie wissen doch über die Quarantäne Bescheid, oder? Wenn Ihre Heimatwelt sich an die Vertragsklauseln hält, dann wird sie die Kosten für eine Überweisung Ihres Vermögens und den Transport eines kleinen Teiles Ihrer Habe übernehmen. Sie können so lange im Hotel bleiben, wie Sie es sich leisten können. Danach wird man Ihnen einen mietzinsfreien Raum im Quarantänezentrum zuweisen, das in einer sehr schönen Region des Südkontinents liegt, wo man angeblich exzellent angeln kann. Man wird Sie bitten, sich den zahlreichen Untersuchungsprogrammen zu unterziehen, aber ansonsten werden Sie nicht weiter behelligt."

„Ich kann es nicht glauben", murmelte Helmut.

„Diese strikten Maßnahmen sind selbstverständlich unbedingt erforderlich. Das müssen Sie verstehen. Der Parasit hat Ihren genitaluretalen Trakt passiert und sich direkt im Blutkreislauf eingenistet, wo er eifrig fadenähnliche vermehrungsfähige Körperchen produziert, die als Mikrofilariae bekannt sind. Wann immer Sie eine sexuelle Beziehung zu einer Frau – übrigens auch zu einem Mann, überhaupt zu jedem Säugetierorganismus – haben, werden Sie diese Mikrofilariae unweigerlich übertragen. Wenn der von Ihnen angesteckte Organismus weiblich ist, so werden die Mikrofilariae binnen weniger Wochen zu den Eierstöcken wandern, in unbefruchtete Eier eindringen und ihnen ihr eigenes genetisches Material aufzwingen, ein Prozeß, den wir Pseudobefruchtung nennen. Die Eier werden dann zu Hybriden heranreifen, teils *Zanjak,* teils Wirtskörper. Es folgt eine anscheinend normale Schwangerschaft, wenn die Schwangerschaft auch in menschlichen Wirtskörpern nur etwa zwölf Wochen dauert. Die Nachkommen werden in großer Zahl geboren, und sie verfügen über eine erstaunliche Anpassungsgabe an die Ökosphäre, die sie vorfinden."

„Schon gut, erzählen Sie mir nichts mehr."

„Ist auch nicht nötig. Sie können das Gesamtbild ja bereits erkennen. Diese Dinge könnten das ganze Universum übernehmen, wenn sie jemals über Sempoanga hinausgelangten."

„Dann sollte Sempoanga gesperrt werden!"

„Ah, aber es handelt sich doch um ein bedeutendes Forschungsgebiet! Außerdem ist die Quarantäne hundertprozentig effektiv. Wenn nur die Touristen nicht so sorglos oder unethisch wären, dann könnten wir alle Fälle innerhalb weniger Wochen isolieren, und danach ..."

„Ich dachte, ich wäre vorsichtig gewesen!"

„Anscheinend nicht vorsichtig genug."

„Und Sie? Machen *Sie* sich denn eigentlich keine Sorgen, daß Sie sich mal anstecken könnten?"

Der Doktor maß Helmut mit einem vernichtenden Blick. „Ich habe schon als kleines Kind sehr schnell gelernt, meinen Finger nicht in eine Steckdose zu strecken. Mit derselben Philosophie gehe ich auch mein Sexualleben an. Guten Morgen, Mr. Schweid. Ich lasse die Quarantäneformulare auf Ihr Zimmer schicken, sobald sie fertig sind."

Betroffen und strauchelnd durchstreifte Helmut suchend das Hotel und hielt nach Marbella Ausschau. Er fühlte sich unrein und aussätzig, und er konnte keinen der anderen Gäste ansehen, die ihn alle freundlich grüßten. Er sehnte sich danach, seinen befleckten Körper in einem Faß ätzender Säure ertränken zu können. Angesteckt! Unter Quarantäne! Vielleicht für immer von seiner Heimat verbannt! Nein. Nein. Das ging über jegliches Verständnis hinaus. Daß ausgerechnet er, ein präziser, intelligenter und penibler Mensch mit seinen Versicherungspolicen und Alarmanlagen und jährlichen medizinischen Untersuchungen, daß ausgerechnet er sich ... sich mit dieser ...

Er fand sie am Rande eines Körpertennisspiels, packte sie von hinten am Handgelenk und flüsterte wütend: „Ich habe *Zanjak!*"

Sie sah ihn verblüfft an. „Gewiß, Liebes."

„Und das sagst du so beiläufig? Du hast mich in dem Glauben gelassen, du seist sauber!"

„Ja. Klar. Ich wußte bereits, daß du dich angesteckt hattest, obwohl du selbst es noch nicht wußtest. Und da du es damals eben selbst noch nicht wußtest, wärst du ja nie mit mir ins Bett gegangen, wenn ich zugegeben hätte, daß ich mich bereits angesteckt hatte. Aber ich wollte dich so sehr, Liebster. Damals hätte ich dir jede harmlose kleine Lüge erzählt, um ..."

„Einen Augenblick. Was meinst du damit – du wußtest, daß ich mich angesteckt hatte?“

„Dieses blonde Miststück von Rigel, es muß in der Nacht gewesen sein, bevor wir uns kennenlernten – ich habe euch beide beim Abendessen gesehen. Ich hätte dir gleich sagen können, daß diese skrupellose kleine Sirene ihren Infekt vor dir verheimlichen würde. Als ich sah, daß du sie zu ihrem Zimmer begleitet hast, wußte ich schon, daß du dem Club ebenfalls beitreten würdest.“

„Ich habe nicht mit ihr geschlafen, Marbella“, sagte er eisig.

„Was? Aber ich war sicher ...“

„Ja, sicher, das warst du wohl!“ Er lachte voll Bitterkeit. „Ich brachte sie heim, und sie sagte mir, daß sie den Parasiten hat. Daher habe ich sie zum Abschied geküßt und bin gegangen. Und durch einen Kuß kann man sich ja nicht anstecken, oder? *Oder?*“

„Nein“, antwortete sie kläglich.

„Du hast mir also wissentlich und schamlos eine teuflische Krankheit angehängt, und das einzig und allein aus dem Grund, weil du mich für dumm genug gehalten hast, mit jemandem zu schlafen, der krank ist. Nun, in gewisser Weise hast du damit sogar recht gehabt.“

Sie wandte sich mitfühlend ab. „Helmut, bitte ... wenn du wüßtest, wie leid mir das tut ...“

„Und mir erst. Ist dir klar, daß ich vielleicht den Rest meines Lebens hier in Quarantäne verbringen muß?“

Sie zuckte mit den Schultern. „Ja, natürlich. Ich doch auch. Es gibt schlimmere Orte als diesen.“

„Ich könnte dich umbringen!“

Sie begann zu zittern. „Ich glaube, ich hätte es verdient. Oh, Helmut ... ich war so fasziniert von dir ... ich wollte nicht das geringste Risiko eingehen, dich wieder zu verlieren. Ich hätte warten sollen, bis sich die Symptome der vermuteten Ansteckung zeigten. Dann wäre es egal gewesen. Aber ich konnte nicht warten ... Ich versuchte es. Ich hatte mir vorgestellt, daß wir uns ineinander verlieben und es zu dem Zeitpunkt, wenn sich die Krankheit bei dir zeigte, keine Rolle mehr spielen würde, wenn ich sie auch habe.“

Er war lange stumm. Dann sagte er: „Vielleicht wolltest du aber auch dadurch sicherstellen, daß ich Sempoanga auch ganz gewiß nicht mehr verlassen kann.“

„Nein. Ich schwöre es.“ Schock und Entsetzen standen in ihren Augen geschrieben. „Das mußt du mir glauben, Helmut!“

„Ich sollte dich wirklich töten", sagte er, und einen Augenblick lang glaubte er tatsächlich, daß er es tun würde. Doch dann drehte er sich statt dessen um und rannte mit weit ausholenden, unregelmäßigen Schritten davon, durch einen Hain voller Oktopuspalmen, an einem Beet mit elektrischen Orchideen vorbei, die ihn mit indignierten Lichtblitzen bedachten und mit ihren Glöckchen klingelten, und schließlich durch einen seichten Schlammtümpel, in dem es von kleinen pelzigen Schlangen nur so wimmelte, und den Hang des Stinivonggipfels hinauf, wobei er tatsächlich daran dachte, sich hinabzustürzen. Auf halber Höhe brach er allerdings erschöpft zusammen, und die Zeit, während er keuchend und nach Atem ringend am Boden lag, kam ihm wie eine Ewigkeit vor. Als er nach Einbruch der Dämmerung in sein Hotelzimmer zurückkehrte, erwartete ihn bereits ein umfangreicher Stapel Formulare – seine Rechte und Pflichten unter Quarantäne, wie er Guthaben von seiner Heimatwelt überweisen lassen konnte, Vor- und Nachteile des Antrags auf sempoanganische Bürgerrechte und vieles andere mehr. Er überflog alles flüchtig und legte den Stapel dann beiseite, nachdem er ihn zur Hälfte durchgeblättert hatte. An so etwas zu denken war augenblicklich unmöglich. Er schloß die Augen und vergrub das Gesicht im Kissen, und plötzlich brannten Bilder von Waldemar in seiner Erinnerung: der große Gletscher zur Weihnachtszeit, die Eisyachtrennen, die warmen und hell erleuchteten Tunnels seiner Heimatstadt, sein hübsches Haus mit dem Kuppeldach, seine letzte Nacht mit Elissa, sein ordentliches Büro mit den langen Reihen der Kommunikationsterminals ...

Das alles würde er niemals wiedersehen, und die Umstände waren so dumm, so unglaublich dumm, daß er es kaum glauben konnte.

Er konnte zum Abendessen nicht in den Speisesaal gehen. Er bestellte beim Zimmerservice ein Essen, das er allerdings unberührt ließ. Erst am Morgen, nach einer Nacht voller Alpträume, knabberte er etwas daran. An diesem Tag wanderte er wahllos allein umher und gewöhnte sich an das, was ihm widerfahren war. Es war ein herrlicher Tag, der Himmel war von einer samtrosa Tönung, die Flammenbäume glühten, aber das alles hatte seinen Glanz für ihn verloren. Auch wenn dieser Ort ein Paradies war, so war er doch dazu verurteilt, ewig darin zu verweilen, und auf dieser Basis unterschied er sich recht wenig von der Hölle.

Zwei Tage lang durchstreifte er das Hotelgelände wie sein eigener Geist und sprach mit niemandem. Er sah Marbella erst am dritten Tag, nachdem *Zanjak* in ihm aufgetreten war, wieder. Um seinen Depressionen Abhilfe zu schaffen, war er in die Cocktailbar gegangen, und sie war auch dort, allein und offensichtlich nachdenklich. Sie strahlte, als sie ihn sah, doch er funkelte sie nur an und ging weiter zur Theke. Dort saß ein Neuankömmling, eine attraktive, zerbrechlich aussehende junge Frau mit großen, dunklen Augen und kastanienfarbenem Haar. Helmut machte sich vorsätzlich und teuflisch daran, sie vor Marbellas Augen aufzureißen. Ihr Name war Sinuise, und sie kam von einem Planeten, der Donegal genannt wurde. Wie so viele andere war auch sie hergekommen, um eine unglückliche Ehe zu vergessen. Als sie die Cocktailbar gemeinsam verließen, spürte Helmut Marbellas Blick im Rücken, und es war, als würde er mit harter Strahlung bombardiert werden.

Er und Sinuise aßen, tanzten und näherten sich unaufhörlich dem obligatorischen Ende des Abends. Im Casino konnte er Marbella wieder sehen. Sie betrachtete sie wütend aus der Ferne. „Komm", sagte er zu der Frau von Donegal. „Gehen wir spazieren." Er legte den Arm um ihre Schulter. Sie war angenehm und liebenswert, und zweifellos dürstete sie nach Nähe und Wärme und Geborgenheit. Er wußte, er mußte sie nur fragen, und sie würde mit ihm auf sein Zimmer kommen. Doch während sie den umrankten Weg hinabschritten, wurde ihm klar, daß er es nicht fertigbringen würde. Seine Rache an Marbella so weit zu treiben, daß er ein unschuldiges, argloses Geschöpf mit *Zanjak* anstecken würde . . . nein. Nein.

Er küßte sie lange und innig unter den rauschenden Wedeln einer Prachtweide, dann ließ er sie los und sagte: „Es war ein wunderbarer Abend, Sinuise."

„Ja. Für mich auch."

„Vielleicht gehen wir morgen zusammen Windpollenfliegen."

„Das wäre schön. Aber . . . heute nacht . . . ich dachte . . ."

„Ich kann nicht. Nicht mit dir. Weißt du, ich habe *Zanjak*. Und wenn du es nicht auch bekommen willst . . ."

Ihr Gesicht schien in sich zusammenzusacken. Ihre großen Augen füllten sich mit Tränen. Er nahm ihre Hand in seine, doch sie wurde von Ekel geschüttelt, riß sich los und floh schluchzend vor ihm.

„Tut mir leid", rief er ihr hinterher. „Mehr, als du es dir vorstellen kannst!"

Marbella war immer noch im Casino, immer noch allein. Sie sah verblüfft auf, als er zurückkehrte. Er bedachte sie mit einem bitterbösen Blick und ging zum Gravitationswürfeltisch. Innerhalb von fünfzehn Minuten hatte er die Hälfte des Geldes verspielt, das er bei sich hatte. Er dachte an die reizende kleine Sinuise, die nun allein in ihrem Bett lag. Er dachte an Helmut Schweid, der von einem bizarren fremden Organismus befallen war. Er dachte an Marbella, ihre Energie, ihre Leidenschaft, die spitzen Lustschreie, die sie ausstieß, ihre Schlagfertigkeit und ihren trockenen Humor. Vielleicht hat sie die Wahrheit gesagt, dachte er ernüchtert. Vielleicht hat sie wirklich geglaubt, ich hätte mich bei der Blondine vom Rigel angesteckt.

Und außerdem – was habe ich schon für eine Wahl?

Langsam und niedergeschlagen schlurfte er durch den großen Raum. Marbella spielte zügellos Fünf-Chip-Cargo. Er beobachtete, wie sie ihr Geld verlor. Dann berührte er sie sanft am Arm.

„Du hast gewonnen“, sagte er.

Sie blieben noch acht Tage im Hotel, dann zogen sie ins Quarantänezentrum um, weil sein Geld verbraucht war und er keines von ihr annehmen wollte. Wie er rasch herausfand, war es dort ebenso schön wie im Hotel, und die Naturwunder waren ebenso bizarr und herrlich anzusehen. Sie bekamen eine kleine Blockhütte und verbrachten ihre Tage mit Angeln oder Schwimmen, die Nächte aber mit der Liebe. Im Verlauf der folgenden zehn Wochen wurden Marbellas Brüste schwer, und ihr Bauch wurde rund, und als ihre Zeit gekommen war, wollte sie nicht in die Klinik des Quarantänezentrums gehen. Sie brachte die sempoanganischen Jungen hinter der Hütte zur Welt, ein ganzes Rudel schlanker, winziger Geschöpfe, die wie grüne Ottern aussahen und von denen sich etwa fünfzehn ohne Mühe aus ihrem Inneren ergossen. Helmut grub eine Grube und schaufelte sie alle hinein, und nachdem sie sich etwa eine Stunde ausgeruht hatte, gingen sie gemeinsam zum Strand hinunter, wo kristallklare Wogen gegen den azurblauen Sand brandeten. Er dachte an die Gletscher von Waldemar, an sein dortiges Zuhause, seine Geliebten, seine Freunde, und das alles schien schrecklich lange her und mindestens eine Million Lichtjahre entfernt zu sein.

Timothy R. Sullivan

Zeke

ZEKE

Entlang der Route 31, von der Grenze Georgias nach Key West, ist viel vom alten Florida erhalten. Hier kann man immer noch die Nacht in einem mit Küchenschaben verseuchten „Motorhof" verbringen, einem Spiritisten am Straßenrand einen Besuch abstatten oder die lethargischen Bewohner einer Alligatorfarm bestaunen. Das ist das Florida von indianerkopfgroßen Kokosnüssen, geborstenen Swimmingpools und einbetonierten Quellen, von denen ihre Besitzer behaupten, es seien ganz genau jene, nach denen Ponce de Leon suchte.

Es war das dritte Mal gewesen, daß ich den alten Highway 31 befahren hatte, obwohl ich vorher noch nie allein gefahren war. Nachdem ich meine Kindheit in jämmerlicher Einsamkeit verbracht hatte, hatte ich während meiner Teenagerzeit entdeckt, daß ich mir meine Entstelltheit zunutze machen, sie sogar anwenden konnte, um an Mädchen ranzukommen. Auf dieser schwülen Straße fuhr ich in den rauchigen Tagen des Herbstes 1968 mit einem ganzen Bus voller ausgeflippter Hippie-Freaks. Die „Familie" war auf meiner zweiten Reise auf der Route 31, 1974, viel kleiner; ein blauer Toyota trug mich und Joannie, ein Mädchen, das in mir all die verrückten und wunderbaren Dinge sah, die selbst zu tun ihm nie erlaubt gewesen waren. Die Resultate dieses romantischen Intermezzos waren Schwangerschaft, Heirat und ein Junge, den wir Danny nannten. Eine echte Familie.

Daher steuerte ich nun des Masochismus willen ein drittes Mal – ganz allein, als wäre ich wieder ein Junge – diese wenig befahrene Straße hinunter, bevor das Langstreckenfahren zu teuer wurde. Nebenbei bemerkt, verfügte ich über ein Spesenkonto; ich hatte einer Versammlung von Exporteuren in Atlanta beigewohnt und war einen Tag früher, an einem Donnerstagmorgen, losgefahren. Auf diese Weise konnte ich mir eine gemütliche, bittersüße Fahrt auf dem Pfad der Erinnerung leisten. Ich plante, nicht vor Montagmorgen zur

Arbeit zu erscheinen, deshalb hatte ich angerufen, um das mit meinem Chef zu besprechen. Okay, hatte er gesagt, lassen Sie sich Zeit, George. Er war kein schlechter Mensch, der Mr. Noloff, aber fünfundzwanzig Jahre im Verkauf von schwerer Straßenausrüstung an Bananenrepubliken hatten ihm ein gewisses diktatorisches Fluidum auferlegt. Wenn er wieder einmal besonders gebieterisch gewesen war, träumte ich oft davon, ihm adieu zu sagen und eine Arbeit bei der Coastal Trading aufzunehmen, aber es blieben immer noch die Miete, die Abzahlung meines ein Jahr alten Plymouth Horizon, die Alimente und natürlich die Versorgung für das Kind zu bezahlen, und das zu einer Zeit, wo sich der Preis für einen Laib Brot einem Dollar näherte.

Durch den lockeren Lautsprecher vibrierte die quälende weiße Blues-Gitarre von Johnny Winter. Ich drehte trotzdem lauter, während ich durch die Hügel im Herzen Floridas kreuzte. Orangenplantagen glitten an jeder Seite der zweispurigen, von Schlaglöchern durchzogenen Fahrbahn vorbei. Ein gebogener, rosaroter Streifen späten Nachmittagssonnenlichtes schmolz in den Baumwipfeln, als ich an einem zerfetzten Schild vorüberfuhr, auf dem in Pastellfarben, die einmal leuchtend gewesen waren, zu lesen war: *Monster, Bestien, Freaks der Natur, direkt geradeaus, SR 74.*

„Das“, sagte ich über Johnnys melodisches Grölen hinweg, „muß der Welt magerste Straßenrandattraktion sein.“

Mein Tank war fast leer, und es waren keine offenen Tankstellen in Sicht, aber ich machte mir deshalb keine Sorgen. Seit Jahren hatte es kein erleuchtetes Neonschild mit *Geschlossen* vor irgendeinem dieser Flohnester gegeben; sie brannten alle darauf, Umsatz zu machen. Ich würde die Nacht in der nächsten Stadt verbringen – was für eine Stadt es auch sein mochte – und mich am Morgen auf die Suche nach Benzin machen.

Der Horizon fuhr mit Leichtigkeit auf den Parkplatz des Azalea Motels, ein niedriges, rosafarbenes Gebäude mit Rostflecken, die durch die Wände auf den verstärkten Stahlträgern unter dem Beton sichtbar wurden.

Derlei Etablissements haben selten ein Foyer, und das Azalea bildete keine Ausnahme. In dem engen Büro saß eine dicke Frau vor der arktischen Brise eines Fedders-Ventilators und sah sich *Hee-Haw* an. Sie konnte mich über die unaufhörlichen Beifallsausbrüche und das Gelächter nicht hören, aber bald ersetzten die gedämpften Klänge süßer Country-Musik die aufgezeichneten Witze, was fast eine Unterhaltung ermöglichte. Ich verhandelte wegen des Zimmerschlüssels, aber sie beließ es nicht dabei.

„Sie seh'n wie'n Typ aus, der die Freak-Show seh'n will", sagte sie.

Es war lange Zeit her, seit ein Erwachsener zuletzt eine Bemerkung über meine Albinokrankheit gemacht hatte. Kindern erkläre ich immer, daß es ein Pigmentmangel ist, der meine Haut so weiß erscheinen läßt, aber diese Frau war kein Kind. Ich starrte sie an – und sie starrte zurück, bis ich meine Augen über das Gästebuch senkte.

„Ich bin Mrs. Nickerson", sagte sie, während ich meinen Namen schrieb. „Bump – das is' mein Mann – is' gerade nich' hier." Sie betrachtete meinen Koffer, als sei er ein gefährliches Tier.

„Oh." Ich nahm an, sie versuchte, mir klarzumachen, daß sie mir meine Tasche nicht aufs Zimmer tragen würde. „Zeigen Sie mir nur die genaue Richtung."

„'s gibt nur eine Richtung." Sie deutete zu ihrer Linken.

„Äh . . . ich danke Ihnen, Mrs. Nickerson." Ich nahm meine Tasche, der Schlüssel baumelte an der freien Hand, und ging wie ein guter Junge wieder in die immer noch drückende Hitze hinaus. Der Sonnenuntergang hatte jetzt eine pfirsichfarbene Welt geschaffen, abgesehen von blutfarbenen Ixora, gelbem Hibiskus und purpurfarbenen Bougainvillea, deren Wurzeln sich im geborstenen, am Motel entlangführenden Pfad dahinschlängelten. Azaleen sah ich keine.

Das Zimmer war nicht so schlecht, wie ich erwartete: Sperrholzwände, eine akzeptable, nicht zerlumpte Matratze, in sauberes Leinen gehüllt, ein mit einem Pferdekopf verzierter Lampenschirm, wobei die gefühlvollen Augen des Tieres sehnsüchtig auf den Alkoven starrten, der das Waschbecken beinhaltete – warum haben Motels niemals Waschbecken im Badezimmer? –, saubere weiße Handtücher, ein Farbfernseher mit einer kaputten Röhre, die die Schauspieler ein bißchen verschwommen erscheinen ließ, ein leicht staubiger Geruch und eine Dusche, die ich sofort ausprobierte.

Nachdem ich geduscht hatte, beschloß ich, einen Spaziergang zu machen. Es standen drei Wagen neben meinem auf dem Parkplatz. Der eine war ein grüner Ford, der bis obenhin mit Säcken voller Torfmoos beladen war. Ein großer Mann, dick, um die Fünfzig und sonnenverbrannt, beendete das Aufladen. Er trug ein weißes Unterhemd, und sein spärliches Haar war mit Pomade auf seinem breiten Schädel festgeklebt. Plötzlich bemerkte er mich und nickte. Ich fragte ihn, ob er zufälligerweise Bump Nickerson sei.

„Kein anderer", entgegnete er und wischte sich den Schweiß von den Brauen. Er schüttelte meine Hand und lehnte sich dann gegen die Hecktür, während ich ihn fragte, was hier in der Gegend los sei.

„Florabellas Taverne ist wegen Renovierung geschlossen. In Apopka läuft ein Film, aber das sind fünfundzwanzig Meilen. 's heutzutage nich' mehr viel los in Boca Blanca."

„Ich glaube, da wird auch künftig nicht mehr viel los sein." Das war also der Name dieser Stadt: Boca Blanca oder der Weiße Schlund, falls mich mein bruchstückhaftes Spanisch nicht im Stich ließ. Lustig, dachte ich, Boca oder „Schlund" wies immer auf eine Bay hin, aber dieses Boca ist weder nahe am Atlantik noch an der Golfküste ...

„Nein, Sir", stimmte Bump zu. „Nein, Sir."

„Apopka bietet wohl die nächste Unterhaltung, was?" Kein Ort, um mich selbst zu verlieren, wie in Miami, als meine Einsamkeit unerträglich wurde. „Wie steht es mit der Freak-Show?"

„Das is' das einzige, bis das Florabella wieder aufmacht." Bump zuckte die Achseln. „'türlich liegt es etwas abseits vom Weg."

„Oh, tatsächlich?" Ich hatte schon immer einen Hang zum Bizarren, und dies schien eine ausreichend geheimnisvolle Ablenkung zu sein, um meine Melancholie zu heilen. „Wie komme ich da hin?"

„Zwei Meilen nach Süden, nach der Kanalbrücke dann links. Sie befindet sich am Ende des Feldwegs, etwa nach einer Meile."

Ich dankte Bump, stieg in den Horizon und fuhr los, um die dicke Dame, den Jungen mit dem Hundegesicht oder was auch immer für exotische Kreaturen zu bestaunen, die der Version von Boca Blancas absoluter Spitzenklasse entsprechen mochten. Merkwürdig, daß es abseits der Hauptstraße lag, dachte ich. Als die Sterne über den dunkler werdenden Orangenplantagen blinkten, erwartete ich die Pizzikato-Gitarre zu hören, die die *Twilight-Zone** einleitet.

„George Hallahan", intonierte die körnige Stimme Rod Serlings in meinem Schädel, „zweiunddreißig Jahre alt. Ein recht seltsam aussehender Idealist, der einmal törichterweise der Meinung war, er könnte durch den Rauch von Cannabis aus dieser ungemütlichen in eine bessere Welt schlüpfen. George fand heraus, daß er nicht einmal sein eigenes Leben zusammenhalten konnte und noch weniger eine kränkelnde Gesellschaft. Jetzt, auf einer abgelegenen Straße in Florida fahrend, ist der desillusionierte albinöse Ex-Hippie-Exporteur direkt

* amerikanische Fernsehserie (Anm. d. Hersg.)

auf...“ Direkt auf dem Weg zu einer armseligen Freak-Show. Passend.

Das Stigma der Albinokrankheit war in der neuenglischen Stadt, wo ich meine ersten acht Lebensjahre verbrachte, nicht so schlimm gewesen. Ein Anfall rheumatischen Fiebers machte es mir jedoch unmöglich, das kalte Wetter zu ertragen, und mein Vater, ein Verwaltungsangestellter, nahm auf Drängen meiner Mutter einen Job in Miami an. Deshalb ging die Familie meinetwegen nach Süden, und ich wuchs als geisterhaft Verbannter unter den bronzenen Göttern und Göttinnen auf.

Dann kam der Sommer der Liebe, ich ließ meine weißen Haare lang wachsen, und die Ausgeflippten hielten mich für total abgefahren. Als ich zum erstenmal bei einem Rockfestival nahe Orlando Acid warf, gab es noch keinen einzigen zynischen Knochen in meinem Körper – auch nicht, nachdem ich mich von einem ernsthaften Fall von Sonnenbrand erholt hatte, den ich mir beim Nackttanzen unter der brennenden Sonne zugezogen hatte –, doch die Realität hatte bald, während meiner radikalen Collegetage, ihren häßlichen Kopf erhoben. Das Tränengas und die Gummiknüppel, die die Bullen auf der politischen Versammlung in Miami Beach anno ’72 einsetzten, hatten mir eine wertvolle Lektion darüber erteilt, daß die Dinge genau andersherum lagen, als ich angenommen hatte.

Dann war da die Freundschaft mit Joannie gewesen, die ihren Höhepunkt während der Saturn Motor Lodge auf der guten alten Route 31 fand. Liebe? Ich weiß es nicht – zurückblickend glaube ich, daß ich sie nur haben wollte, weil sie ein so hübsches Mädchen war. Klug, brünett, obere Mittelklasse – was wollte ich mehr? Nicht daß sie schuldlos an dieser bizarren Mesalliance von Frau und Freak war. Wie treffend muß es für ihr düsteres, sich gerade entfaltendes soziales Bewußtsein erschienen sein, sich mit einem Eigenbrötler einzulassen. Dannys Geburt hatte diesen speziellen Tagtraum kurz danach zermalmt und erzwang dadurch zwecks Bargeld meine Kapitulation vor dem Menschenfresser Kapitalismus. Jedes einzelne dieser Mißgeschicke war auf eine schmerzvolle, essentielle Art und Weise ein Fehler gewesen, und jedes nahm einen noch größeren Teil meiner Seele mit sich als das Vorangegangene.

Währenddessen war ich an der Kanalbrücke angelangt, konnte aber nicht aufhören, an Danny zu denken. Ich hatte kein Kind gewollt, denn ich hielt uns beide für nicht reif genug, solch eine Verantwortung zu tragen, aber Joannie hatte sich geweigert, eine Abtreibung in Erwägung zu ziehen. Ich habe ihr nie gesagt, wie ängstlich ich war, daß das Kind genauso ein Freak sein würde wie ich. Aber als ich das normale, schöne Baby sah, war ich das erste und einzige Mal in meinem Leben glücklich. Zuerst war Danny etwas Ungewöhnliches, aber als er ein bißchen älter war und wir begannen, einander kennenzulernen, glaubte ich, daß wir mehr als Vater und Sohn waren. Wir waren Freunde.

Dennoch wurde das Gezänk zwischen Joannie und mir schlimmer – und, oh, sie hatte schon immer eine spitze Zunge gehabt. Als wir schließlich beschlossen auseinanderzugehen, gab es keinerlei Zweifel daran, wer besser geeignet war, Danny großzuziehen. Ich war ein alternder Albino-Hippie, der ein zweifelhaftes Einkommen aus dem Exporthandel erzielte. Andererseits war sie fest etabliert; sie hatte nie Drogen berührt, nicht einmal eine Zigarette geraucht. Ich wußte, daß es richtig war, und dennoch nahm ich ihr die Art und Weise übel, wie die Dinge ihren Lauf nahmen.

Ein Jahr war vergangen, seit sie mir meinen Sohn weggenommen hatte. Er war erst fünf, als sein Heim zusammenbrach. Am Sonntag wird er seinen sechsten Geburtstag feiern, und sein Vater hatte zu sehr Angst vor einem verbalen Peitschenhieb („Warum nimmst du keinen Job an, damit du genug Geld verdienst, um Danny mit den Dingen zu versorgen, die er braucht?"), um dort zu sein, wo er Danny helfen konnte, die Kerzen auszublasen. Morgen muß ich ihm mit der Post ein Geschenk schicken. Wird es rechtzeitig in Miami ankommen?

Der Feldweg war staubig und uneben, als die Nacht hereinbrach. Auf der anderen Seite des Kanals gab es keine Orangenplantagen, nur Palmenhaine und Floridapinien. Weiter unten am Weg stand ein Haus aus Schlackeblöcken, einstöckig, ohne Fenster an der Vorderseite, wie ein Pornoschuppen. Das Haus wurde von zwei Sagopalmen flankiert, die sich im Endstadium der „tödlichen gelben Krankheit" befanden, ihre welken Wedel hingen in der sich vertiefenden Dunkelheit wie schwarze Spinnenbeine herab.

Ich parkte vor dem Haus, und der Horizon blieb im zuckerähnlichen Sand stecken. Ich überlegte, ob seine Räder imstande sein würden, sich freizudrehen, und falls nicht, ob es in Boca Blanca einen Abschleppwagen gab. Während ich zum Haus ging, dachte ich daran, daß ich nicht immer eine derart defätistische Haltung eingenommen hatte.

„Was geschah mit der Woodstock-Generation?“ murmelte ich und rief mir eine unschuldigere Zeit ins Gedächtnis zurück, als ich noch daran gedacht hatte, einen vernichtenden Feldzug gegen Krieg, Rassismus und Ungerechtigkeit zu führen. Besonders litt ich an der Ungerechtigkeit, denn ich wurde als *„a whiter shade of pale“** geboren, um einmal eine Phrase aus dem alten *Procul Harum*-Song zu gebrauchen.

Ein Licht an der Seitenfassade des kleinen Hauses warf einen bernsteinfarbenen Fleck auf den Sand. Die Tür hatte ein Fliegengitter, und dahinter sah es aus, als befände sich dort die Küche. Ich bemerkte einen Hauch jasmingeschwängerter Luft und klopfte.

Von drinnen hörte man eine Bewegung, das Rascheln von Papier, das Knarren eines Stuhls, der über den Boden geschoben wird, Schritte. Es gab kein Fernsehen oder Radio, die diese vertrauten Geräusche schwächten, nur das Zirpen von Grillen. Ein Schatten näherte sich dem Fliegengitter, gefolgt von einem dünnen, gebeugten alten Mann, der ausgebeulte Hosen trug und lächelte.

„Ich bin . . . äh . . . gekommen, um die Freak-Show zu sehen“, sagte ich.

Er nickte und enthakte die Tür mit dem Fliegengitter. „Hier entlang“, antwortete er und führte mich durch einen Raum, der mit Büchern und Magazinen sowie mit literarischen und wissenschaftlichen Journalen angefüllt war, die unordentlich auf Tischen, Sofa und Boden verteilt waren. Das wurde ja immer seltsamer.

Die Hintertür öffnete sich in eine dunkle Scheune, und der alte Mann zog an einer herabbaumelnden Schnur, wodurch eine nackte Hundert-Watt-Birne erleuchtet wurde, die tanzende Schatten auf vier kleine Käfige und etwas, das mit einem schmierigen Tuch bedeckt war, fallen ließ. Die Käfige waren aus Pinienholz und Hühnerdraht zusammengebaut. Darin befanden sich vier unglückliche Tiere – nicht die gewöhnlichen Zirkus-Freaks, doch jedes auf seine Art merkwürdig genug.

Trotz allem, wie definiert man einen Freak? Das Wort wird oftmals eher verletzend angewendet als informierend oder amüsierend. Wenigstens würden diese Kreaturen niemals erfahren, wie die Menschen sie nannten.

Am auffälligsten unter den Tieren war ein Kalb mit zwei Köpfen.

* wörtlich: „ein helleres Weiß“ (Anm. d. Übers.)

Einer der Köpfe war ein verschrumpeltes, herabhängendes Anhängsel mit toten Augen und schlaffen Lippen, aber der Rest des Kalbes schien recht gesund zu sein.

Trotz des üblen Gestanks trat ich näher an die Käfige heran. Neben dem Kalb, so wahr mir Gott helfe, befand sich eine Schlange mit Beinen. Spindeldürre, winzige, nutzlose Dinge, aber nichtsdestotrotz vier Glieder. Sie schlief auf einem Heuhaufen in ihrem einen halben Quadratmeter umfassenden Gefängnis.

Dann war da noch eine „Rieseneidechse“, wie sie der alte Mann nannte – nichts anderes als ein Leguan.

Der vierte Käfig beherbergte ein federloses Huhn – sein abscheulich pockennarbiges Fleisch bot einen abstoßenden Anblick. In seiner Nacktheit ähnelte das Huhn einem runzligen alten Mann. Es starrte mich so blutdürstig an, als beschuldigte es mich, es eigenhändig gerupft zu haben.

„Gaben werden dankbar entgegengenommen“, sagte mein freundlicher Hausherr, während er zur Tür schlurfte.

„Oh, gut. Aber ich glaube nicht, daß ich schon alles gesehen habe, oder?“ Ich wandte mich dem Ding zu, das sich unter dem schmierigen Tuch über einem Käfig verbarg, der, anders als die anderen, an der Spitze kreisförmig zu sein schien.

Seine Hose hochziehend, sah der alte Mann von mir zu dem bedeckten Objekt und wieder zurück. „Nun . . .“

Ich wartete. Der alte Mann wollte mir offensichtlich das, was sich unter dem Tuch befand, nicht zeigen, was natürlich in mir um so stärker das Verlangen weckte, es trotzdem zu sehen.

„Er schläft, glaube ich.“

„Er?“

Der alte Mann schien mich nicht zu hören. Er hob ein Stückchen von dem Tuch an und starrte darunter. „Nein, geht in Ordnung . . . falls Sie sicher sind, daß Sie ihn sehen wollen.“

„Ja.“

Ohne Zeremonie enthüllte er ein großes Glasterrarium und trat mit dem schmierigen Tuch in den knorrigen Farmerhänden zurück.

Ich weiß nicht, wie lange ich mit offenem Mund dagestanden und auf diesen unglaublichen Anblick gestarrt habe. Ich erinnere mich, daß der alte Mann wie in einem Traum zu mir sprach: „Genauso handeln die meisten Menschen, wenn sie ihn sehen.“

Das Ding war ein Albino-Affe . . . nein . . . der weiße Pelz war

Fleisch ... kahl, wie das Huhn ... Arme und Beine in lächerlichen Winkeln gebeugt ... gebeugt wie der alte Mann ...

Nein, nicht gebeugt. Das unmögliche Ding stand aufrecht auf einem Bett aus dunklen Spänen. Seine Bewegungen erinnerten in ihrer Vielfalt an einen Zeichentrickfilm von Rube Goldberg. Mit seinen zierlichen, aufklappbaren Händen, die für seinen vierzig Zentimeter langen Körper viel zu groß waren, griff es an den Rand des Terrariums und starrte mich zwischen seinen röhrenförmigen Armen mit karmesinroten Augen an.

Es war ein Gegenstand des Spottes, ein Zerrbild aus einem alptraumhaften Spiegelkabinett. Als ob es mein Keuchen imitieren wollte, öffnete das Geschöpf den Mund und entblößte damit ein geripptes Weiß, ein pelziges Schneefeld hier, im erstickenden Sommer Floridas. Nicht das leiseste Geräusch drang aus dieser jungfräulichen Öffnung.

Die Henne gackerte, und das Geräusch brachte mich ein bißchen näher an die Wirklichkeit. Ohne die Augen von der Kreatur abzuwenden, flüsterte ich: „Was ist das?“

„Er“, korrigierte mich der Mann. „Er ist eine Person. Könnte ein bißchen anders aussehen und handeln, aber er ist ein Mensch. So wie ich ... so wie Sie.“

„Was?“ Ich starrte ihn an, um zu sehen, ob er mich verspottete wie Mrs. Nickerson im Motel. Aber es war keine Bosheit in seinem wettergegerbten Gesicht. Er nickte der merkwürdigen Kreatur zu. „Isser nich' ausgefallen?“

„Wo haben Sie ihn her?“

„Nun, er lebt bei mir seit ich, Moment mal ... sechsundzwanzig war. Vorher war er bei dem alten Bo Wadley, bis dieser starb, und Bo selbst sagte mir, daß ihn sein Vater schon vor Bos Geburt im Besitz hatte. Er behauptete, daß er schon hier lebte, bevor weiße Menschen überhaupt nach Florida kamen.“

„Boca Blanca“, sagte ich. Eine Offenbarung. Die Spanier müssen ihre Niederlassung vor etwa vier Jahrhunderten nach dieser Kreatur benannt haben. „Aber wie konnte er so lange überleben?“

Der alte Mann saugte an seinen falschen Zähnen. „Der lebt länger als wir, nehme ich an.“

„Was ißt er denn?“

„Abgestorbene Pflanzen, verrottetes Holz und Torfmoos. Dazu trinkt er etwas Wasser.“

Ich konnte das barocke Muster seiner Rippen erkennen, eine surrealistische Struktur neben gestreiften Bändern aus Muskeln und glattem, seidigem Fleisch. Die Physiognomie glich vage einem Menschen, und die glänzenden, roten Augen waren unergründlich. Diese Züge waren grotesk genug, aber der Mund verbog den zerfurchten Schädel zu einem schmerzvollen prognathischen Ausdruck, öffnete ihn zu einem Trichter, zu einem lautlosen Schrei, der eine empathische Saite in mir anschlug.

„Warum halten Sie ihn hier in dieser Scheune, bei all diesen deformierten Tieren?" fragte ich.

„Tja, das war seine Idee", antwortete der alte Mann vorwurfsvoll. „Wir brauchten Geld, um leben zu können, und so kam er vor ein paar Jahren auf die Idee mit der Freak-Show. Nach kurzer Zeit gewöhnte er sich an, hier draußen zu schlafen, um alles im Auge behalten zu können."

„*Seine* Idee? Habe ich Sie richtig verstanden?"

„Ja. Er hat einen messerscharfen Verstand. Er zeigte mir, wo ich diese Krüppel finden konnte – abgesehen von der Eidechse. Die haben wir in einer Tierhandlung in Orlando gekauft."

„Das ist ja kaum zu glauben." Ich schüttelte den Kopf. „Er ist . . ."

„Ausgefallen, nich' wahr?" sagte Bump, der einen Sack voll Torfmoos durch die Scheunentür trug.

„Sind Sie auch mit von der Partie?" fragte ich.

„Mit wovon?" antwortete Bump. „Ich habe schon eine Gärtnerei, seit der Interstate Highway und Disneyworld dem Hotelgewerbe den Boden unter den Füßen weggezogen haben. Einmal die Woche bringe ich Zeke ein bißchen Torfmoos."

„Zeke!" Ich lachte, denn ich erinnerte mich an den alten Gospelsong über Ezekiels „dry bones"*, ein Bild, das genau die Kreatur im Terrarium widerspiegelte.

„Ein ausgefallener Name war schon angebracht", sagte Bump und lachte ebenfalls. „Er hat uns nie gesagt, wie sein richtiger Name lautet."

„Wahrscheinlich haben die dort, wo er herkommt, keine Namen, wie wir sie haben", meinte der alte Mann.

„Wo er herkommt . . ." Der Gedanke inspirierte Ehrfurcht und Verwunderung.

* „trockene Knochen" (Anm. d. Übers.)

„Ziemlich weit weg“, sagte Bump leise. „Ziemlich weit.“

„Eine andere Welt“, entgegnete ich fast noch leiser.

Der alte Mann war ernst, und keiner von uns sprach, während wir über die Bedeutung dessen nachdachten, was wir gerade gesagt hatten.

Nach kurzer Zeit riß Bump den Sack auf, löste mit seiner fleischigen Hand etwas Torfmoos und warf es in das halbkugelförmige Terrarium. Zekes zweigähnliche Finger, die das Dargebotene auffingen, waren fast so lang wie die von Bump. Anstatt vor uns zu essen, legte Zeke die Torfmoosteile unter diejenigen, die bereits auf dem Boden des Terrariums ausgebreitet waren.

„Nicht jeder weiß, was er sieht, wenn er hier reinkommt“, sagte der alte Mann stirnrunzelnd. „Bumps Frau zum Beispiel kümmert sich nicht um Dinge, die . . . anders sind.“

„Das habe ich gemerkt“, antwortete ich.

„Sie ist bis heute der Meinung, daß er eine Art haarloser Affe ist.“

„Verdammt, Levon“, erwiderte Bump, „sie war nie lange genug hier, um ihn lesen und schreiben zu sehen, und sie würde mir nie glauben. Rayette kann selbst kaum lesen und will's auch gar nich' lernen. Alles, was sie kann, ist, den ganzen Tag vor diesem verdammten Fernseher sitzen.“

Nachdem er solchermaßen seinem Unmut Luft gemacht hatte, steckte Bump seine Hand ins Terrarium. Zeke ergriff zwei Finger und ließ es zu, daß er aus dem Terrarium gehoben und auf den strohbedeckten Scheunenboden gesetzt wurde. Er trug ein winziges Paar beigefarbiger Shorts.

Zeke schien hier völlig fehl am Platze zu sein. Mein unbeständiges Gefühl sozialer Moral erwachte kurz, als ich unsere Pflicht der Menschheit gegenüber bedachte. „Das Kennedy-Raumfahrtzentrum ist nicht weit von hier“, sagte ich. „Warum bitten Sie nicht jemanden her, der sich Zeke mal ansieht.“

„Lassen'se ihn das selbst erklär'n“, antwortete Levon.

Der winzige Außerirdische führte uns mit ruckartigen Schritten ins Haus. Das Kalb legte sich nieder, als Levon die Scheunentür schloß. Das angrenzende Zimmer war mit Lektüre aller Art angefüllt. Direkt neben einem zerschlissenen alten Sofa lehnte eine Schiefertafel gegen eine der Wände aus Schlackeblöcken. Zeke nahm ein Stückchen Kreide und schrieb: „Ich habe nicht den Wunsch, irgendwohin zu gehen.“

„Vielleicht kann man dich eines Tages wieder nach Hause bringen", sagte ich.

„Bis eure Raumfahrt soweit ist", schrieb Zeke in sorgfältigen Druckbuchstaben, „werde ich nicht mehr leben."

„Aber all die Dinge, die du wissen mußt!" protestierte ich. „Willst du sie nicht mit uns teilen? Uns damit helfen?"

Zeke beugte sich vor und zeigte damit zwei stecknadelkopfgroße Öffnungen an der Spitze seines schneeweißen Schädels, die ich für seine Ohren hielt. Die Kreide kreischte in dem stillen Raum, während er schrieb: „Mein technologisches Wissen ist begrenzt, aber falls dem nicht so wäre, bestünden andere Schwierigkeiten."

„Schwierigkeiten?"

„So viele Ebenen des fortgeschrittenen technologischen Intellektualismus zu überwinden."

„Ich verstehe." Ich hatte den dritten Grad geschafft. Sich dem Leben im vierten Grad anzupassen, bedeutete die Hölle, intellektuell wie emotionell. Aber wenigstens die Kinder in meinem Alter hatten sich an „Whitey" gewöhnt, wie ich genannt wurde. Die größeren Kinder drehten mich dafür durch den Fleischwolf, und außerdem hatte ich auch Schwierigkeiten mit Mathematik. Deshalb könnte man sagen, daß ich es als schwierig empfunden hatte, nur eine Ebene des Intellektualismus zu überwinden.

Zeke wischte die Schiefertafel mit einem kreidestaubigen Schwamm ab und schrieb dann: „Wie gut versteht ein menschliches Wesen das Prinzip einer Maschine, die er oder sie jeden Tag bedient?"

„Wie beispielsweise das Fernsehen?" Ich war amüsiert, als ich an Rayette Nickersons voraussichtlichen Beitrag zu unserer Diskussion dachte.

„Ja, das Fernsehen", schrieb Zeke, „oder nur ein Automobil? Unsere Maschinen waren autonom. Sie erbauten sich selbst und hielten sich selbst instand, waren aber dennoch Sklaven, die unseren Anordnungen gehorchen mußten. Ich könnte nicht einmal anfangen, Ihnen zu zeigen, wie man auch nur die einfachste davon herstellt."

Soviel also zu Erlösern von anderen Sternen. Doch auch ohne richtige Wunder gab es hier viel zu bestaunen. „Aber wie bist du auf die Erde gelangt?" fragte ich. „Woher kommst du?"

Statt mir zu antworten, deutete mir Zeke an, ihm durch die Küche zu folgen. Mit beiden Händen drückte er die quietschende Tür mit dem Fliegengitter auf und ging nach draußen. Die Sterne schimmerten wie Eis, die Nachtbrise war kühl und trocknete den Schweiß auf meiner Stirn rasch. Es dauerte einen Augenblick, bis ich einen stechenden Geruch über dem des Jasmins als den von Zeke identifizieren konnte. Ich hatte seine exotische Ausdünstung wegen der anderen Tiere im Haus nicht bemerkt, deren Geruch sogar bis ins Wohnzimmer reichte. Sein Aroma überraschte mich, weil ich ihn bereits als menschlich betrachtete, mir selbst vielleicht ähnlicher als alle, die ich jemals kennengelernt habe. Es war nicht unangenehm, es war nur ... anders.

Zeke deutete ein wenig geziert zum Himmel. Über uns waren Venus und Mars, und im Westen stand der leuchtende Jupiter. Die Pleiaden waren ebenfalls sichtbar, aber kaum zu erkennen, wenn ich sie direkt anstarrte. Genau im Norden befanden sich Perseus und Kassiopeia, in einem ewigen, endlosen Ehedilemma erstarrt, genau wie Joannie und ich. Glückseligkeit schien genauso unerreichbar wie Zekes Planet.

„Er hat nie erzählt, wie er hierherkam“, sagte Levon, „oder warum. Und Sie können ihn fragen, bis Sie schwarz werden. Wenn er über was Ausgefallenes nich' reden will, dann tut er's auch nich'.“

Wir standen im Mondenschein bei zwei kränklichen Palmen. Zekes unerklärlicherweise grazile Gestalt war so unbeweglich, wie seine karmesinroten Augen gelassen waren. War mein anfänglicher Eindruck von Qual nichts weiter als eine verzerrte Projektion meines eigenen Schmerzes gewesen?

Dann sprang Zekes Mund hervor und öffnete sich wieder zu diesem schrecklichen stillen Schrei. Wie in freundschaftlicher Reaktion verstummten die nächtlichen Geräusche der Insekten und Schleiereulen. Zeke hob eine Hand und spreizte die Finger, als wolle er die Sterne ergreifen und auf die Erde herabziehen. Sein kleiner Körper zitterte, während er sich auf die Spitzen seiner breiten Füße reckte. Und dann sank er so tief dem Sand entgegen, daß ich annahm, er würde fallen. Er brachte es aber fertig, auf den Füßen stehenzubleiben, und starrte auf das Krabbengras hinunter.

Mein Gesicht rötete sich, und ein Schweißtropfen rollte trotz der kühlen Brise meine Stirn hinab. Ich war verlegen – diese Schmerzvision glich einer verzerrten Reflexion meiner eigenen Seele – und mußte wegsehen.

Deshalb sagte ich Bump und Levon, deren heimelige Gesichter die Tiefe ihrer Gefühle angesichts der Pein ihres Freundes ausdrückten,

Lebewohl. Ich nahm fünf Dollar aus meiner Brieftasche und gab sie Levon als kleine Spende.

„Er wird müde“, sagte Levon.

Ich nickte, und ohne mich noch einmal umzuwenden, legte ich die paar Meter bis zu meinem Wagen zurück.

Ich spürte Zeke hinter mir, noch bevor ich ihn hörte. Die Hand an der offenen Wagentür, drehte ich mich zu ihm um. Ich ging in die Hocke, so daß wir uns mehr oder minder in die Augen sehen konnten.

Im diffusen Lichtpegel des Abblendlichts hob Zeke seine fragilen Hände, um meine zu berühren. Ich streckte meine Finger aus, und ihre Spitzen trafen auf die seinen. Seine Finger waren warm, und Gefühle schienen von ihnen auszugehen und auf mich überzuwechseln. Etwas ging auch aus mir heraus. Etwas Saures und Häßliches, das ich viel zu lange mit mir herumgetragen hatte. Zeke absorbierte es, wie ein Schwamm schmutziges Wasser aufsaugt.

Ich möchte nicht sagen, daß ich plötzlich geheilt war, eine Wirkung, die dem Auflegen von Händen zugeschrieben wird – ich war nur erleichtert. Keine Offenbarung oder Reinigung, sondern ein Wechsel, ein Teilen. Zeke teilte meinen Schmerz ... und ich den seinen.

Das dauerte nur einen Augenblick, dann trennten sich unsere Fingerspitzen. Ich stand da, immer noch gefesselt von Zekes rubinroten Augen. Sie sahen nicht länger gelassen aus; ich hatte in gewissem Sinne mit ihnen gesehen. Es gab kein plötzliches Fuji-Farbfoto von einer außerirdischen Welt, nur das Gefühl eines Verlusts, der so groß war, daß ein Akzeptieren die einzige Alternative zum Tod gewesen war. Meine Probleme schienen neben denen Zekes so bedeutungslos, daß ich mich für mein Versinken im Selbstmitleid schämte.

„Leb wohl, Zeke“, sagte ich, „und danke.“ Als ich mich ins Auto setzte und die Tür schloß, ging das Licht aus und hinterließ einen vagen, blassen Umriß anstelle von Zeke. Ich startete den Motor und kam ohne Probleme aus dem Sand heraus. Als ich zur Route 31 zurückfuhr, bemerkte ich im Rückspiegel drei schrumpfende Gestalten, zwei Männer und die kleine Gestalt eines Wesens von einer anderen Welt. War er ein Verbannter, ein Flüchtling, ein verirrter Reisender? Er würde auf diesem Planeten sterben, doch auch mit diesem Wissen hatte er das Beste aus seiner Lage gemacht.

Als ich am nächsten Morgen ins Büro hinunterging, um meine Rechnung zu bezahlen, bemerkte ich, daß Bumps Lastwagen nicht auf dem Parkplatz stand. Vielleicht hatte er die Nacht bei Levon verbracht, oder vielleicht war er frühzeitig losgefahren, um einem seiner konventionelleren Kunden ein paar Gartenartikel zu liefern.

Mrs. Nickersons Verhalten hatte sich nicht geändert. Sie sah sich gerade *Bowling for Dollars* an, wandte sich aber widerwillig ab, um mein Geld entgegenzunehmen. Während ich meinen Scheck unterschrieb, fragte sie: „Haben Sie die Freaks gesehen?"

Ich sah sie direkt an und verbarg meine Feindseligkeit. „Ja, das habe ich. Glauben Sie nicht, daß wir ihnen sehr ähnlich sehen?"

Das Grinsen verschwand aus ihrem aufgedunsenen Gesicht, und sie wandte sich steif wieder ihrem Fernsehprogramm zu. Ich lächelte. Die Frage hatte sie aus der Fassung gebracht, aber es war kein guter Witz. Am wenigsten für Zeke. Er kam von so weit her und lebte schon so lange ohne die Chance, wieder nach Hause zu kommen, daß er der Welt größter Experte in Sachen Entfremdung sein mußte.

Um halb acht kam ich vor Hitze schier um und verschmachtete fast, aber ich ging pfeifend aus dem klimatisierten Büro hinaus. Schließlich hatte ich immer noch genug Zeit, um bei Dannys Geburtstagsparty dabeizusein.

Peter W. Bach

Erinnerungen an einen unwichtigen Planeten

„Weißt du", sagte der bärtige junge Mann nachdenklich, „wir hätten ihn nicht feuern dürfen."

„Nun fang doch nicht schon wieder davon an. Du kennst schließlich die Bestimmungen."

Der bärtige junge Mann drehte seinen halbvollen Plastikbecher in den Fingern. „Wir hätten ihn nicht feuern dürfen. Das wird noch eine Menge Ärger geben, glaub's mir."

„Du kennst die Bestimmungen", sagte der Ältere noch einmal. „So sich aber einer empört . . ."

„. . . soll er verlustig gehen all seiner Ämter und Würden und ausgetilgt werden aus den Reihen der Aufrechten", vervollständigte der junge Mann in einem monotonen Leiern. „Nun halt mir bloß keine Vorlesung über die verdammten Kriegsartikel. Die kenne ich so gut wie du." Er schwieg einen Moment. „Und trotzdem ist es schade. Im Grunde war er ein verdammt guter Offizier. Und obendrein der einzige auf diesem verschissenen Pott, der auch nur einen Funken Humor hatte."

„Humor? Findest du das vielleicht witzig, wie er uns in den Rücken gefallen ist, wo er nur konnte?"

Der junge Mann schwieg verärgert.

„Humor!" wiederholte der Ältere. „Sie haben praktisch gemeutert, er und seine ganze bocksfüßige Clique. Daß wir ihnen eins auf die Hörner gegeben haben, war wirklich noch das mindeste. Weißt du, was sie in meiner Jugend mit ihnen gemacht hätten? Sauerstoff für zwölf Stunden und ab durch die Schleuse. Aber nein – natürlich lassen wir ihn mit einem blauen Auge davonkommen. Und aus lauter Dankbarkeit spielt er jetzt den großen Motz und hetzt die Wilden gegen uns auf."

„Deine Jugend ist vorbei", sagte der junge Mann brutal. „Schon eine ganze Weile."

„Ganz recht", sagte der Ältere. „Aber wir sind immer noch im

Krieg, vergiß das nicht. Da geht es nun mal nicht ohne eiserne Disziplin. Wenn nicht ein jeder zu jeglicher Stunde sein Bestes ..."

„Keine Angst, ich vergesse schon nicht, daß wir im Krieg sind – Kommandant", unterbrach ihn der junge Mann angewidert. „Es würde mir auch verdammt schwerfallen, selbst wenn ich es wollte. Aber spar dir deine großen Sprüche für die Mannschaft, ja? Oder für die Wilden."

Der weißhaarige alte Mann schwieg beleidigt. Ein Robotkellner rollte auf quietschenden Reifen vorbei, und er winkte und ließ seine Tasse nachschenken.

Der bärtige junge Mann starrte mit abweisender Miene ins Leere, als nähme er den hektischen Betrieb rundum überhaupt nicht wahr. Nach einer Weile fischte er eine große, primitiv geprägte Goldmünze aus der Brusttasche seiner Kombination und ließ sie mit steifen Bewegungen durch seine verkrümmten Finger laufen, ohne hinzusehen.

Die Kadetten am Nebentisch beobachteten ihn gespannt, kaum bemüht, ihr höhnisches Grinsen zu verbergen. Als die Münze zum zweitenmal auf dem Handrücken angelangt war, rutschte sie zwischen den Fingern des jungen Mannes durch und landete mit hörbarem Klirren auf der schmierigen Tischplatte. Der junge Mann zuckte zusammen und ließ die Münze mit einem verlegenen Lächeln in der Tasche verschwinden, nachdem er sie am Oberschenkel blankgewischt hatte.

Der Kommandant nickte ihm ermutigend zu. „Deine Fingerübungen machen Fortschritte, Junge."

Der bärtige junge Mann schüttelte wütend den Kopf. „Ich bin beschissen, nach wie vor, also spar dir deine mitleidigen Sprüche, ja? Schau sie dir doch an, meine Hände: Schrott. Ich war mal der beste Pilot in der ganzen Flotille, erinnerst du dich?"

Der alte Mann sah ihn besorgt an. „Die Sache hat dir doch ganz schön zugesetzt, was?"

„Ja", sagte der junge Mann leise und betrachtete verbittert seine Handflächen, in denen sich noch immer die hellroten Narben abzeichneten. Sie würden noch eine ganze Weile zu sehen sein; vermutlich für immer. „Ja, die Sache hat mir ganz verdammt zugesetzt, und das wissen wir auch beide. Also laß uns über was anderes reden, ja?"

Der alte Mann schien ein wenig gekränkt. „Ich wollte ja nur ... Ach, vergiß es. Wo steckt eigentlich dein Freund, der Späher?"

„Unser Freund, meinst du. Ich hab keine Ahnung. Er hat sich gleich nach der Landung verdrückt und ist seither nicht mehr aufgetaucht. Vermutlich sitzt er im Reaktor und läßt sich mit Gammastrahlen vollaufen, oder er macht diese Plasmawesen vom Deneb an. Was diese Burschen halt so anstellen, um ihre Kicks zu kriegen."

Für einen Moment tauchte in seinem Gehirn das Bild eines einzelnen, freischwebenden Auges auf. Es war nahezu verdeckt von einem Knäuel aufgeregt herumflatternder Plasmawesen, die in allen Farben des Spektrums schillerten. Das Auge schien dem jungen Mann mit verschwörerischer Lüsternheit zuzuzwinkern, und unwillkürlich mußte er grinsen.

Der Kommandant beobachtete ihn ein wenig traurig und sagte schließlich: „Du kommst ganz gut mit ihm klar, was?"

Der junge Mann nickte. „Es würde nichts schaden, wenn du es auch mal versuchtest. Schließlich sind wir noch immer ein Team, auch wenn du ihn nicht ausstehen kannst."

„Ich hab' ihn mir nicht ausgesucht."

„Er dich auch nicht. Trotzdem solltest du versuchen, mit ihm klarzukommen. Für deinen Hokuspokus kannst du ihn schließlich auch ganz gut gebrauchen."

„Nun fang nicht schon wieder damit an", sagte der alte Mann müde.

„Keine Sorge." Der junge Mann lächelte bitter. „Ich hab's sowieso schon einmal zu oft gesagt."

Sie schwiegen eine Weile unbehaglich. Der junge Mann winkte stumm den Robotkellner heran und ließ seinen Becher nachschenken. Er starrte mit abwesendem Gesichtsausdruck in den klebrigen, dunkelroten Wein; dann setzte er sich mit einem Ruck auf und sagte so laut, daß die Kadetten am Nebentisch erschrocken zusammenfuhren: „Wozu das alles? Ich frage dich: Wozu das alles?"

Der alte Mann seufzte. „Weil wir im Krieg sind. Weil es auf jeden einzelnen Planeten ankommt. Deshalb."

„Weil es auf jeden einzelnen Planeten ankommt", wiederholte der junge Mann ironisch. „Nun komm mir bitte nicht mit dieser Propagandascheiße. Spar dir das für die Mannschaft, ja?"

Der alte Mann zuckte beleidigt die Schultern.

„Sieh ihn dir doch an, diesen Scheißplaneten. Diesen kleinen blauen Drecksklumpen", fuhr der junge Mann unbeirrt fort. „Für uns ist er vollkommen uninteressant, und die Exos können noch nicht mal darauf leben. Was also soll's?"

„Du weißt sehr genau, was es soll“, sagte der alte Mann geduldig.

„Natürlich weiß ich das“, sagte der junge Mann verächtlich. „Die Vermessungstypen wollen in aller Ruhe ihre sinnlosen Pyramiden bauen, und die Schreibstubenhengste wollen in aller Ruhe mit ihren verdammten Computern rumspielen, und ein paar Anthropologen wollen in aller Ruhe ihre idiotischen Papiere über die Edlen Wilden verfassen. Und so weiter und so weiter und so weiter.

Und allesamt tun sie unheimlich wichtig und freuen sich, daß sie so weit vom Schuß sind. Und wenn wider Erwarten alles glatt geht, kriegt am Ende jeder einzelne von ihnen einen Scheißorden und denkt, er hätte den Krieg ganz alleine gewonnen.“

Er schwieg abrupt und stürzte in einem einzigen Zug seinen Becher voll Rotwein hinunter. Hab' ich mir auch verdammt angewöhnt, da unten, dachte er. Wenn ich noch lange so weitersaufe, sind meine Reflexe bald ganz im Eimer.

„Wärst du vielleicht lieber an der Front?“ sagte der alte Mann eisig. „Die Exos haben gestern das halbe System 118 weggeblasen. Es ist noch nicht offiziell, aber die Meldung kam heute früh übers Admiralitätstelex.“

„Na dann Prost“, sagte der junge Mann tonlos.

„Siehst du?“

„Seh ich was? Der dusseligste Rekrut, der irgendwo im Sumpf rumkriecht und hofft, daß er die Exos erwischt, bevor die Exos ihn erwischen, weiß wenigstens, was er tut. Und was machen wir? Wir pumpen einer Horde schmutziger, blutgieriger, sadistischer Wilder einen Haufen Unsinn in den Kopf – als wären sie nicht auch so schon bescheuert genug.“

„Nun hör mal . . .“ begann der alte Mann.

„Unterbrich mich nicht. Ich bin noch nicht fertig, noch lange nicht. Dieser ganze Hokuspokus kotzt mich allmählich an. Warum sagen wir den armen Schweinen nicht einfach, was wirklich los ist? Warum sagen wir ihnen nicht: Freunde, es ist Krieg, und ihr habt das Pech, genau zwischen den Fronten zu sitzen – also zieht die Köpfe ein und backt für ein paar tausend von euren lächerlichen Säugetierjahren kleine Brötchen, bis alles vorbei ist. Warum sind wir nicht ausnahmsweise mal ehrlich?“

„Weil der Kulturschock sie umbringen würde“, sagte der alte Mann geduldig. „Deshalb.“

„Sie werden ohnehin draufgehen.“ Der bärtige junge Mann lachte bitter. „Früher oder später rotten sie sich ganz von selbst aus. Sie sind die geborenen Psychotiker, jeder einzelne von ihnen, und wir bestärken sie auch noch darin. Vermutlich werden sie die nächsten paar tausend von ihren Jahren damit zubringen, einander die Köpfe einzuschlagen – im Namen dieses Humbugs, den wir ihnen eingetrichtert haben. In *unserem* Namen, um genau zu sein."

„Also wirklich ..." setzte der Ältere an.

„Also wirklich. Wenn ich bloß an deine berühmte Rettungsaktion denke ... Wir hätten sagen können: Freunde, wir können's nicht mit ansehen, wie ihr an eurer eigenen Dämlichkeit krepiert; hier habt ihr ein paar vergammelte eiserne Rationen und einen Markierungslaser, damit ihr nach Hause findet. Schönen Gruß von der Siebten Flotille, und paßt beim nächstenmal besser auf, wo ihr langlauft."

Der Kommandant hob in stummem Protest die Hand, aber der junge Mann redete unbeirrt weiter. „So hätte das jedenfalls ausgesehen, wenn wir es auf die anständige Art gemacht hätten. Aber was tun wir? Wir ziehen einen Haufen kindischen Hokuspokus ab, mit Feuersäulen am Nachthimmel und brennenden Dornbüschen und ‚Geschenken des Himmels'. Ja, wundert es dich denn noch, daß sie ausflippen?"

„Also, hör mal ..." begann der Kommandant noch einmal, aber dann schnitt ihm der dröhnende Glockenton der Startvorwarnung das Wort ab. Er klang schrill und seltsam unharmonisch, als würde ein riesiger Weinkelch in Zeitlupe zerspringen. Offensichtlich hatte sich seit dem letzten Angriff der Exos noch niemand die Mühe gemacht, die Verstärkeranlage zu reparieren.

Der junge Mann stand abrupt auf. „Die meinen uns. Na schön, zurück auf die Galeere."

Mit einem Mal wurde ihm bewußt, daß er schon seit Minuten wieder mit der Münze gespielt hatte. Für einen Moment betrachtete er angewidert seine zerstörten Hände und das plumpe Goldstück mit dem Bildnis eines unbedeutenden Herrschers auf einem unwichtigen Planeten, der sich selbst für den Herrn der Welt hielt; dann schleuderte er die Münze mit einer unbeherrschten Bewegung quer durch den Raum. Sie prallte von der Wand ab und rollte mit höhnischem Klirren über die schmierigen Plastikfliesen, ehe sie schließlich bei einem der Tische im hinteren Teil des Kasinos zur Ruhe kam.

Um den Tisch drängte sich eine Zerstörerbesatzung von einer der Eiswelten, grobschlächtige, langhaarige Männer mit schweren Bronzearmbändern, die in ihre gewaltigen Oberarmmuskeln schnitten. Die meisten hielten riesige Bierhumpen in den Fäusten. Beim Geräusch der Münze sahen sie auf, und eine der flachsblonden, hartgesichtigen Frauen, mit denen sie zusammensaßen, lachte schrill auf.

Der junge Mann starrte sie einen Moment lang mit verlegener Wut an, dann machte er eine obszöne Geste in ihre Richtung.

Die Eiskrieger wurden mit einem Mal sehr still. Ihr Kapitän kam langsam und ein wenig unsicher auf die Füße, den gewaltigen Hammer, der sein Rangabzeichen war, drohend erhoben. Die anderen beobachteten ihn aus glasigen blauen Augen; offensichtlich war die gesamte Crew sturzbetrunken.

Der junge Mann erbleichte. Unwillkürlich stahl sich seine rechte Hand zu der Dienstwaffe an seiner Hüfte.

Dann stand plötzlich einer der anderen Offiziere auf, hielt den Zerstörerkommandanten beim Arm zurück und redete beschwörend auf ihn ein. Auch er schien nicht ganz nüchtern. Der junge Mann registrierte verwundert den großen schwarzen Schlapphut, der tief in die Stirn gezogen war, als scheue sich der Offizier, sein Gesicht zu zeigen. Es war nicht zu verstehen, was er sagte, doch schließlich zuckte der flachshaarige Riese verächtlich die Schultern, ließ sich schwer auf seinen Platz zurückfallen und griff sofort wieder nach seinem Bierhumpen. Die Frau, die gelacht hatte, legte besitzergreifend den Arm um ihn, als wolle sie den Umsitzenden ihren Status demonstrieren.

Der junge Mann schauderte zusammen. Er hatte erst jetzt bemerkt, daß dem Offizier mit dem Schlapphut ein Auge fehlte.

Der Ältere versuchte, ihn hastig weiterzuziehen. „Nun komm schon, Junge. Das hat uns gerade noch gefehlt, daß du eine Schlägerei mit diesen blonden Barbaren anfängst."

Der junge Mann stand da wie gelähmt und starrte auf die schwarze Augenklappe unter der tief ins Gesicht gezogenen Hutkrempe. „Der Leutnant. Hast du ihren Leutnant gesehen? Er hat nur noch ein Auge."

Der Ältere zuckte die Schultern.

„Ich hab ihn gerade erst erkannt. Sie waren unsere Ablösung, verdammt noch mal. Sie kamen gerade an, als ihr mich rausgeholt habt, erinnerst du dich? Und jetzt hat er nur noch ein Auge." Der bärtige junge Mann begann unkontrolliert zu zittern. „Er also auch. Sie sind Wilde, bösartige, sadistische, unberechenbare Wilde, jeder einzelne auf diesem Scheißplaneten."

Der alte Mann legte ihm beruhigend die Hand auf den Oberarm. „Nun reg dich nicht auf, Junge. Nimm die Sache doch nicht so schwer."

„Ich nehm's aber schwer", sagte der junge Mann wütend. „Ich nehm's aber schwer, verdammt noch mal. Und überhaupt – was verstehst denn du davon?"

Der alte Mann zuckte die Schultern.

„Ganz recht. Nichts. Überhaupt nichts. Schließlich haben sie mich an diesen modrigen Balken genagelt und nicht dich, Alter. Und zu wissen, daß ihr mich erst rausholen würdet, wenn ich schon so gut wie abgenippelt bin, hat's auch nicht besser gemacht, weißt du."

„Krieg ist Krieg."

„Krieg ist Krieg. Ach Scheiße."

Angespannt und schweigend gingen sie zusammen durch den Verbindungstunnel, der sie zum Startfeld bringen würde; der Ältere mit sorgsam einstudierten Bewegungen, die noch immer eine Vitalität vortäuschen sollten, die längst hohl geworden war, der bärtige junge Mann mit den seltsam unrhythmischen Schritten eines Menschen, der auf beiden Beinen zugleich hinkt.

In der Hauptschleuse erwartete sie ein junger Offizier. Er trug eine nagelneue, pedantisch saubere Uniform und salutierte so schneidig, als seien sie auf dem Paradefeld.

Der junge Mann musterte ihn mißmutig. Raubvogelnase, scharf geschnittene Züge, olivfarbener Teint, Haltung wie ein gespannter Bogen. Höchstwahrscheinlich von einem dieser Wüstenplaneten und sieht mir aus wie ein verdammter Fanatiker. Vermutlich ein hundertzehnprozentiger Soldat, aber ich gehe jede Wette ein, daß mit dem nicht gut Kirschen essen ist. Er versuchte sich vergeblich zu erinnern, welchen Rang die blitzenden Halbmonde auf den Kragenspiegeln bezeichneten; amüsiert stellte er sich vor, wie der Neue in wehendem Burnus durch die Dünen irgendeiner öden Sandwelt galoppierte und dabei einen Krummsäbel schwang.

In seinem Kopf war ein leises, zustimmendes Kichern, und wieder tauchte das Bild eines einzelnen, frei schwebenden Auges auf. Es schien ihm belustigt zuzuzwinkern; dann verwandelte es sich mit einem Mal in eine schneeweiße Taube. Wo sind wir denn hier, dachte der junge Mann ärgerlich, im Varieté?

Im nächsten Moment war sein Ärger verflogen. Der Späher hatte nun mal einen seltsamen Humor. Na schön, wenn er halt Freude hatte an seinen kindischen Späßchen ... Viel zu lachen gab es an Bord ja wahrhaftig nicht.

Der dunkelhäutige Offizier schlug knallend die Hacken zusammen. „Willkommen an Bord, Sir. Ich bin der neue Verbindungsoffizier, Sir."

Der Kommandant nickte ihm zu und salutierte knapp; der bärtige junge Mann hob in der müden Parodie eines militärischen Grußes lässig die zernarbte rechte Hand.

Der Neuling starrte ihn für einen Moment finster an, die dichten schwarzen Brauen gerunzelt, als überlege er, ob eine solche Verletzung des militärischen Zeremoniells bereits eine Eingabe an die Admiralität rechtfertigte. Dann salutierte er noch einmal, zackig wie aus dem Lehrbuch.

Noch so ein Arschloch, das unbeirrbar an den Buchstaben der Dienstvorschrift glaubt und an die Glorie unserer unbesiegbaren Heerscharen und den unerforschlichen Ratschluß der Admiralität und den ganzen blödsinnigen Heiligen Krieg, dachte der junge Mann angewidert. Na, nur noch ein paar hundert Umläufe, und dann muß *er* runter und sich mit den Wilden rumschlagen. Der wird sich noch wundern.

Er drehte sich auf dem Absatz um und ging mit müden Schritten zu seiner Kabine. Er wünschte, der noch nicht einmal begonnene Einsatz sei schon wieder vorbei. Na ja, auch dieser Kelch würde an ihm vorübergehen.

Vonda N. McIntyre

Elfleda

ELFLEDA

Ich liebe sie. Und ich beneide sie, denn sie ist schlau genug, unsere Schöpfer hinters Licht zu führen. Jedenfalls die meisten. Sie ist kein richtiges Einhorn – viele von uns verfügen über menschliche Teile, und sie macht da keine Ausnahme. Andernfalls wären die Rückverbindungen zu kompliziert. Unsere ach so klugen Besitzer sind eben doch noch nicht klug genug, Nerven direkt mit dem Gehirn verbinden zu können.

Daher ist Elfleda, wie ich auch, von den Hüften an aufwärts fast völlig menschlich. Darunter bin ich anders: ein Zentaur. Sie ist ein Einhorn, ihre Hufe sind paarzehig, sie hat den Schwanz eines Löwen, und ihre Stirn ziert ein korkenzieherähnliches Horn. Ihre silberne Stirnlocke verbirgt die Narbe an dessen Ursprung, das silberne Haar erwächst aus ihren Schultern und dem Rückgrat und fällt anmutig herab. Ihr Körper ist schlank und hellgrau, Sprenkel verlaufen entlang ihren Flanken. Das Haar ihrer Schwanzspitze ist fast schwarz. Lange Zeit dachte ich, ein Chirurg hätte einen Fehler gemacht oder ihr einen Streich gespielt, doch schließlich verstand ich, weshalb das so war, als ich aus der Ferne beobachtete, wie sie katzengleich mit dem langen Schwanz wedelte. Mein Körper besitzt nicht diese artistische Originalität. Ich hasse alles an mir fast ebensosehr, wie ich alles an Elfleda liebe.

Sie spricht nur aus der Ferne zu mir. Ich glaube, sie will mich quälen. Wenn die Meister unseren Park besuchen, beobachtet sie sie, peitscht mit dem Schwanz und galoppiert weg. Manchmal gönnt sie ihnen auch den Vorzug eines flüchtigen Blickes auf ihr silbernes Fell. Ihre Unzugänglichkeit macht sie zur Gesuchtesten von uns allen. Sie folgen ihr, sie rufen nach ihr, doch nur wenige dürfen sie berühren. Sie ist die einzige von uns, die sich ihrem Willen widersetzen kann. Doch auch diese Freiheit war ihre Schöpfung – sie sind so mächtig, daß sie es sich leisten können, mit der Illusion von Trotz zu spielen.

Doch der Rest von uns, die anderen Zentauren, Satyre, Nymphen und Meeresbewohner, wir eilen über die Wiesen, warten im Wald oder laufen gar auf Besucher zu, damit man Notiz von uns nimmt.

Uns zu beschweren wagen wir nicht. Das sollten wir auch nicht tun, im Gegenteil, wir sollten dankbar sein. Man hat uns die Leben gerettet. Jeder von uns wäre gestorben, hätten die Meister uns nicht akzeptiert und aufgenommen. Wir verdanken ihnen unser Leben, und das ist die Währung, in der wir in ihrer Schuld stehen. Manchmal scheint mir dieser Preis zu hoch, doch nichts hält mich davon ab, von einem Berghang herabzuspringen oder giftige Blumen zu essen. Ich lebe immer noch.

Die Nachmittagssonne auf der Wiese ist warm, daher gehe ich durch das hohe Gras auf den Wald zu. Ein kleines Geschöpf flieht von seiner Schlafstatt, es ist ebenso überrascht durch meine Anwesenheit wie ich durch seine. Es erhebt sich galoppierend in die Lüfte: ein kleiner Pegasus. Im Vergleich zu seinem Körper wirken seine gefiederten Schwingen überproportioniert. Doch das ist eigentlich der Grund, weshalb ein Pegasus überhaupt fliegen kann. Bei diesem handelt es sich um ein winziges Scheckenpony, das mir kaum bis zum Knie reicht. Er überfliegt die Hälfte der Wiese, dann läßt er sich wieder auf die Erde nieder und trottet davon, während er seine Schwingen zusammenfaltet. Die größeren Pegasi, etwa in meiner Größe, sind spektakulär, doch sie sind an die Erde gefesselt. Sie suchen den Flug und können ihn doch niemals finden. Einst beobachtete ich einen, der mit ausgestrecktem Nacken, bebenden Nüstern und hoch erhobenem Schwanz im Wind stand und rannte und galoppierte, doch seine Schwingen waren nicht groß genug, ihn vom Boden zu tragen. Unsere Meister bedienen sich ihrer Tiere so, wie sie sich auch uns Halbmenschen bedienen – zur Ablenkung und um der Schönheit willen. Ihnen kommt es nicht in den Sinn, daß das Herz eines fliegenden Pferdes brechen kann, wenn es ihm unmöglich ist zu fliegen.

Der Schatten des Waldes umfängt mich mit dem kühlen Aroma von Pinien und Humus. Der Boden unter meinen Hufen ist weich. Ich spüre seinen Widerstand, aber nicht seine Beschaffenheit. Als ich mich zum erstenmal nach der Operation, den Schmerzen und der Heilung erhob, hatte ich kaum richtig gehen können. Ich strauchelte und fiel, und mir wurden schwere Strafen angedroht, sollte ich mein helles Seidenfell verunstalten. Danach ging ich langsamer und lernte rasch. Menschenwesen sind nicht dafür geschaffen, mit sechs Gliedmaßen umzugehen, doch wir können uns anpassen. Ich lernte das Gehen, Traben und das Galoppieren, und schließlich lernte ich auch noch, meine Arme gleichzeitig mit der nötigen Anmut zu bewegen. Ich verletzte mich nicht, und nun ist meine Haut – meine menschliche Haut – fast so dunkelbraun wie mein Fell. Meine Mähne, mein Schweif und die unteren Teile der Beine sind schwarz.

Der Bach fließt lärmend vorüber. Er ist angeschwollen vom Schmelzwasser des Schnees. Er stürzt über einen Steinhang in einen Bergsee, in dessen Tiefen sich eine andere Welt der Freiheit abzeichnet. Dort werden die blauen Berge zu purpurnen Tälern, die man leicht erreichen könnte, wüßte man nur den Weg, der einem Zutritt zu ihnen verschafft. Die Berge aber sind unbezwingbar. Einer der größeren Pegasi erkletterte sie einst auf der Suche nach dem Himmel, doch dann glitten seine Hufe auf halbem Weg auf bloßem Felsgestein aus, und er fiel. Pferdebeine sind nur sehr schwer zu heilen, daher wurde er human getötet. So human, wie ihm das Leben geschenkt worden war.

Die Oberfläche des Teiches gerät in Bewegung, und einer vom Meervolk gleitet auf die vom Nebel feuchten Steine. Das ist der Lieblingsplatz des Meervolks, wo sie sich aufwärmen, wenn ihnen das kalte Wasser die Erinnerung nehmen will, daß sie eigentlich Warmblüter sind. Ich glaube, das Wesen ist eine Seejungfrau, kann es aber auf diese Entfernung nicht mit Sicherheit sagen. Sie sind alle schlank und leicht, haben schmale Schultern und helles Haar. Die Frauen haben fast keine Brüste und die Männer keine angemessenen Geschlechtsorgane. Sie haben alle nur Schlitze, die, wie bei Fischen, halb unter den Schuppen ihrer Unterkörper verborgen sind. Ich habe nie gesehen, daß sie miteinander kopuliert hätten, daher dient die Öffnung wahrscheinlich nur der Ausscheidung und der Lust unserer Schöpfer. In dieser Hinsicht sind die Meerwesen ebenso deformiert wie ich, aber auf eine andere Art. Sie haben überhaupt keine Genitalien, ich aber habe gleich zwei. Ich bin sicher, daß ein Bioingenieur sich damit einen Preis für kluges Design verdient hat. Mein menschlicher Penis befindet sich an der üblichen Stelle, aber oberhalb der Pferdebeine. Meine Hengstorgane sind wesentlich diskreter zwischen den Hinterbeinen verborgen.

Die Seejungfrau schlägt mit dem Schwanz aus, funkelnde Wassertröpfchen spritzen in die Luft. Ein weiterer Angehöriger des Meervolks gesellt sich zu ihr. Aber sie berühren einander nicht, zwischen ihnen finden keine Intimitäten statt. Vielleicht hat man ihnen solche

Gefühle bei der Erschaffung genommen, vielleicht dämpft das eiskalte Wasser ihre Hingabe und ihre Körper.

Doch, oh ja, sie sind sehr hübsch. Wenn ich zum Trinken hinauswate, kann ich manchmal ihre Körper unter der Wasseroberfläche sehen, sie schwimmen gemäß ihren eigenen, nicht nachvollziehbaren Mustern, ihr helles Haar schwebt hinter ihnen her, golden, scharlachrot, silbern, ihre Schuppen schimmern hellblau, orange und schwarz, aber immer mit einem metallischen Schimmer. Ihre Schwanzflossen sind wie Gaze, wie Brokat oder durchsichtige Seide, in der man die Venen sehen kann. Ihre Kiemenschlitze bilden unzählige Linien über Rükken, Nacken und Kehlen.

Sie sprechen niemals.

Würde ich aus meinem Versteck hervortreten, die beiden Meerwesen würden augenblicklich unter der Wasseroberfläche verschwinden. Zwei konzentrische Kreise winziger Wogen würden aufwallen und langsam wieder verschwinden, und ich wäre wieder allein. Daher bewege ich mich nicht. Ich beobachte die herrlichen Geschöpfe, die sich sonnen und mit gelegentlichen Bewegungen ihrer Schwanzflossen Wasser über ihre Körper spritzen.

Ich beneide ihre Zufriedenheit mit Einsamkeit und Unabhängigkeit ebensosehr, wie ich Elfleda beneide. Sie werden niemals von den Spielen berührt, die unsere Herren miteinander spielen. Elfleda schaut von einem hohen Plateau herab, das nur sie allein erklimmen kann. Das Meervolk gehorcht mit blicklosen Augen den Befehlen der Herren. Ich glaube, sie haben anderentags alles wieder vergessen.

Ich vergesse niemals. Ich erinnere mich an jeden einzelnen Zwischenfall, seit ich hierher gebracht wurde. In Kürze wird alles von vorn beginnen.

Eines der Meerwesen verschwindet, kurz darauf das andere. Mir ist im Wald kühl geworden, außerdem bin ich hungrig. Die Sonne scheint mir warm auf den Rücken, nachdem ich den Schatten verlassen habe und mich durch die Wiese dem Obstgarten nähere.

Licht, das durch die gesprenkelte Decke hereinfällt, erzeugt ein Muster auf meinem Fell. Das lässige Summen der schwarzen Fliegen stört mich nicht weiter. Ich muß gestehen, manchmal kann es von Vorteil sein, einen langen Schwanz zu haben.

Ein Nymphe und ein Satyr kopulieren unter einem Pflaumenbaum. Sie bemerken mich nicht. Sie sind so unverfroren, wie das Meervolk scheu ist. Der kurze, pelzige Schwanz des Satyrweibchens schnellt auf und ab, während sie den Nymphen besteigt und mit ihren haarigen Beinen umklammert. Seine grünen Hände umklammern ihre Hüften und gleiten weiter nach oben, um ihr rosa Fleisch zu liebkosen. Zu beiden Seiten der pelzbesetzten Kuppe ihres Rückgrats ist die Haut etwas sonnenverbrannt. Der Nymph beugt sich zu ihr hoch und dringt grunzend in sie ein, woraufhin sie die Finger in seinem grünen, lockigen Haar vergräbt. Er stemmt die Füße auf den Boden und bohrt die Zehen hinein, während ihre Hufe Sand vom Boden aufwirbeln. Der Nymph stöhnt und zieht die Satyrfrau enger an sich. Unsere Schöpfer haben keinerlei Respekt vor dem ursprünglichen Geschlecht ihrer Geschöpfe. Sie gefallen nur sich selbst, niemals wollen sie den Mythen oder Legenden gerecht werden.

Ich mache kehrt und galoppiere von dem atemlosen Keuchen und Stöhnen und Seufzen auf der Lichtung weg. Ich selbst habe einmal mit der Satyrfrau kopuliert. Gott stehe mir bei.

Das Gras der Wiese teilt sich vor mir, die Luft fließt wie Wasser durch meine Mähne. Bei der herrschenden Hitze sind die Vögel stumm, doch der schrille Gesang der Zikaden treibt mich weiter. Meine Hufe wirbeln Staub auf, zertreten Blumen und hinterlassen Abdrücke im Torf. Schweiß kitzelt in meinen Augen. Das Atmen schmerzt, daher presse ich die Ellbogen fest gegen die Flanken. Ich atme die Luft in Feuergarben ein. Schweiß rinnt an meiner Brust hinab, befeuchtet meine Flanken, fließt an den Beinen hinab und spritzt beim Laufen von meinen Fesseln. Zwischen meinen Hinterbakken wird der Schweiß zu weißem Schaum verrieben.

Die Wiese endet, ich galoppiere zwischen Felsen dahin. Ich springe über einen großen Stein und lande zwischen Kies und Geröll. Das Tal wird enger, steigt und endet vor einer Felswand. Ich stolpere, bleibe stehen, verharre mit gespreizten, in den Knien etwas angewinkelten Beinen und versuche, nur zu atmen.

Später erkenne ich, daß ich immer noch in einer Hand eine Pflaume, in der anderen einen Pfirsich halte. Der Saft der zerdrückten Früchte rinnt zwischen meinen Fingern herab. Ich zerbeiße die Früchte mit den Zähnen und schlucke das Fruchtfleisch, bis nur noch die Kerne übrig sind. Die Obstbäume sind Hybriden, sie bringen nur Mißbildungen und Freaks hervor. Ich werfe die Samen zwischen ödes Gestein, wo sie keinesfalls keimen können.

Während ich den Berg wieder hinabtrotte, trocknet der Schweiß auf meinem Körper. Vom Zentrum des rechten Hinterhufs breitet sich ein pochender Schmerz im Bein aus. Ich glaube, ich habe eine Schwellung.

Wieder auf der Wiese, lege ich mich im hohen, kühlen Gras nieder. Beim Schlafen ist mir immer unwohl. Stehe ich wie ein Pferd, sinkt mein Kopf nach vorne, und ich bekomme Rückenschmerzen. Auf der Seite zu liegen, den Kopf auf die Arme gebettet, ist ebenfalls unbequem, weil mir dabei immer die Arme einschlafen.

Als ich wieder erwache, fällt bereits der Schatten der Berge über mich. Bald wird es dunkel werden, und der Vollmond wird scheinen. Ich strecke die Vorderbeine aus und richte mich auf.

Ein weißer Blitz zwischen den Bäumen erregt meine Aufmerksamkeit.

„Elfleda!“

Sie bleibt stehen und wendet sich mir zu, wobei sie den Kopf anmutig senkt, um das Horn zwischen Zweigen herauszuziehen. Sie hat kleine Brüste und lange, kräftige Hände. Am Nabel geht Menschenhaut in Tierfell über, doch wie alle anderen Äquiformen auch verfügt sie über menschliche Geschlechtsorgane zwischen den Beinen. Unsere Besitzer müssen Elfledas Tierkörper sorgfältig geplant und gezüchtet haben, denn sie ist sowohl Pferd wie Hirsch, ihr Fell aber ist das kräftige und bezaubernde einer Ziege. Sie wedelt mit dem Schwanz.

„Hallo, Achilleus. Was willst du?“

„Ich . . .“ Aber ich kann nichts von ihr wollen, das sie mir geben würde. Sie ist nicht grausam, nur distanziert. Sie hegt keine besonderen Gefühle für mich, und ich habe auch keinen Grund, das zu erwarten.

„Sie werden bald wiederkommen“, sagt sie.

„Ich hoffe nicht.“

„Sie werden.“

„Und du wirst auf sie warten.“

„Ja“, sagt sie. Ich verstehe nicht, weshalb sie nicht im Wald verschwindet, wenn sie kommen, schließlich kann sie fast alle ignorieren. Statt dessen beobachtet sie, und unsere Meister sehen sie und werden eifersüchtig auf ihre Freiheit. Was sie geben, können sie auch wieder nehmen.

Elfleda wedelt wieder mit dem Schwanz. Die schwarze Spitze berührt ihre Pferdeschulter, ihre Flanken. Der Wind weht ihr kurzes, feines Haar vom Kopf weg und verleiht ihr so einen silbernen

Heiligenschein. Ich schreite auf sie zu, und sie weicht nicht zurück. Aber ich bin schweißnaß und staubverkrustet, und ich rieche wie ein erhitztes Pferd, nicht wie ein Mensch. Es ist mir peinlich, mich ihr so zu nähern. Sie beobachtet mich und wartet furchtlos. Sie weiß, wenn nötig, könnte sie mir entfliehen. Sie haben mich groß gemacht – größer als im Leben, im wahren Leben –, aber sie ist geschwind, und ihre Hufe sind scharf. Sie haben mir auch nicht soviel von meiner Menschlichkeit genommen, daß ich sie mit Gewalt nehmen könnte. Das wäre wahrlich ein bitterer Sieg.

„Früher hielt ich mich nicht für häßlich ..." Meine Stimme klingt kläglich. Ich sollte nicht so zu ihr sprechen, als wäre ich zufrieden, würde sie mich aus Mitleid akzeptieren.

Sie runzelt die Stirn, doch dann kommt sie auf mich zu. „Und wenn du es wärst, Achilleus, du weißt, mir wäre es gleich." Sie greift nach mir, ich kann die Wärme ihrer Hand am Gesicht spüren. Sie hat mich noch niemals berührt.

Ich weiche zurück und wende mich ab. „Du hältst mich immer noch nicht für attraktiv."

„Das ist nicht fair."

Und nicht einmal jetzt sehe ich sie an, obwohl ich weiß, daß sie recht hat. „Du hast ihre Regeln akzeptiert. Nichts bindet uns an sie."

„Meinst du nicht?"

„Was hält dich davon ab, mich zu lieben?"

„Wir lieben, oder aber wir lieben nicht."

„Wir lassen es zu, daß sie uns beherrschen."

„Wir können sie nicht aufhalten", sagt sie, und wieder hat sie recht. Zwischen der Zeit ihres Kommens gebe ich mich gern dem Glauben hin, wir könnten ihnen Widerstand leisten, wenn wir es versuchen, und ich gebe unserem Gehorsam, unserer Schwäche und unserer Unterwürfigkeit die Schuld, unserer Bereitschaft, beherrscht und damit von jeglicher Verantwortung entbunden zu sein. Doch wenn mich der Zwang überkommt ...

Elfleda berührt meinen Arm, ich zucke heftig zusammen. Sie springt ebenso überrascht wie ich zurück, ihre andere Hand ist immer noch zum Himmel erhoben, wohin sie meine Aufmerksamkeit lenken wollte.

„Schau."

Dunkelheit hat sich herabgesenkt. Ich betrachte die Sterne und sehe ein gleißendes, vielfarbiges Licht näher kommen. Über uns fliegen unsere Meister in einem lenkbaren Luftschiff, das majestätisch über den Bergen dahingleitet. Seine Maschinen sind fast lautlos. Es ist in Licht gebadet, das sogar die Baumwipfel darunter zu erhellen vermag. Es zieht direkt über uns dahin, wir hören Musik und Gelächter. Ich betrachte Elfleda. Das Licht färbt ihre Gestalt rot, violett, blau, grün. Ihr Ausdruck ist hoffend und sehnsüchtig. Mich sieht sie nicht an.

Ein scharfer Schrei des Schmerzes oder des Entzückens lenkt meine Aufmerksamkeit wieder zum Luftschiff. Als ich den Blick wieder senke, ist Elfleda verschwunden.

Aber was macht das schon? Was schert mich sie? Wenn sie mich nicht begehrt – andere tun es. Vor einem Augenblick fühlte ich mich noch abgespannt und müde, nun aber bin ich wieder mächtig und voller Freude. Zwischen mir und der Wiese liegt der halbe Wald, und wenn ich mich nicht beeile, werde ich zu spät kommen. Doch Entfernungen spielen keine Rolle. Immergrüne Zweige streichen über meine Gestalt, während ich dahineile. Der Schmerz in meinen Hufen ist kaum mehr als ein Insektenstich.

Alle von unserer Art haben sich auf der Wiese versammelt, Tiere und Halbmenschen gleichermaßen. Die kleinen Pegasi fliegen um und über uns, während die größeren, flugunfähigen ihr Gefieder zur Schau stellen. Ein auf einem Felsen sitzender Gryphon brüllt und kreischt, während der überirdische Schein des Fluggeräts uns einhüllt. Das Luftschiff senkt sich langsam herab. Es ist so groß, daß sein Umriß die Sterne auslöscht. Ich ergreife ein Haltetau, die Zentaurin Hekate ein anderes. Hekate zieht fester als ich, ihre Muskeln treten hervor. Das Schiff senkt sich auf ihrer Seite, sie lacht. Wir ziehen das Schiff gegen die Fliehkraft herunter und glorifizieren unsere Stärke. Dann binden wir die Taue an Bäumen fest. Unsere Meister betreten den Boden.

Sie sind gewöhnliche Menschen, so gewöhnlich wie wir vor unserer Veränderung. Sie sehen so seltsam aus mit ihren zwei Beinen sowie den fehlenden Hufen, Klauen und Haaren. Sie sind klein, schwach und doch übermächtig. Sie lächeln uns zu, und wir warten und hoffen, erwählt zu werden. Sie sind so herrlich anzusehen wie Blumen. Der Gryphon kauert sich nieder und reibt sich einschmeichelnd an ihren Beinen.

Eine schattenhafte Gestalt steht in der Luke des Flugzeugs und schaut herunter. Er tritt herab und zögert, als das Licht auf ihn fällt. Sein Gesicht ist ungeschlacht, sein Ausdruck unsicher. Er ist sowohl neugierig als auch furchtsam.

„Hekate!“

Der häßliche Junge verschwindet aus meinen Gedanken. Einer unserer Meister ruft Hekate, die gehorcht, ihr schwarzes Haar weht im Wind hinter ihr her. Ihre Hufe trommeln auf der Erde, bis sie schließlich vor der schlanken jungen Frau stehenbleibt. Ihr Pferdekörper ist kräftig und groß und eindrucksvoll, seine dunkle Ebenholzfarbe schimmert durch das bunte Licht des Luftschiffs. Im anderen Leben muß sie eine schöne und begehrenswerte junge Frau gewesen sein, denn sie ist ein verlockender Mythos. Die junge Frau springt auf ihren Rücken und gräbt die Fersen in ihre Flanken. Sie lacht. Hekate wirbelt herum und prescht über die Wiese, wobei sie den Schweif wie ein Banner hochhält. Die Vibrationen ihrer Huftritte hallen um uns herum.

Zwei Satyre heften sich an ihre Fersen, sie sind so ausgelassen und wendig wie Ziegen. Ihr Aroma vermischt sich in der Luft mit dem Schweißgeruch Hekates.

Ich spüre einen leichten Druck auf dem Rücken. „Lauf, Achilleus, folge ihnen.“ Ein Nymph umklammert mich mit seinen langen, bleichen Beinen, seine Finger berühren meinen Bauch. Er ist fast gewichtslos. „Lauf, sonst werden sie uns zurücklassen!“

Ich gehorche ihm, als wäre er ein Meister. Ich kann Hekates Spur anhand des niedergetrampelten Grases mit Leichtigkeit ausmachen. Ich springe über ein Hindernis und erkenne später, daß es sich lediglich um die abgestreifte Kleidung des Menschen gehandelt hat. Ich galoppiere durch das seichte Wasser des Sees, Wasser spritzt in alle Richtungen. Nackte Menschen waten auf die Felsen zu, wo das Meervolk wartet.

Hekate und der Mensch werden vom Mondlicht versilbert. Sie umarmen sich, der Mensch steht auf Hekates breitem Rücken und beugt sich nach vorn, um sie zu küssen. Die Menschenfrau schaut zu mir herüber. Sie lacht.

„Was sollen wir mit ihnen anfangen?“

„Sie erschöpfen.“ Hekates Lachen ist leise und voll. „Sie erschöpfen und dann wieder unserer derzeitigen Beschäftigung nachgehen.“

Die beiden Satyre kopulieren im Gras und beachten keinen von uns. Während ich auf Hekate zugehe, hüpft der Nymph von meinem Rücken. Die Menschenfrau wendet sich um und sitzt verkehrt herum auf ihrem Rücken. Sie öffnet die Arme für mich. Ich trete näher, besteige Hekate als Hengst und umarme die Frau als Mann. Sie spreizt die Beine über meine Vorderhufe und zieht sich an mich. Während sie mich herabzieht, um mich zu küssen, beugt sich Hekate ebenfalls hinab und liebkost den gold-grünen Nymph. Er ist leicht und dünn, aber groß genug für sie. Er umklammert Hekate und gräbt die Fingernägel in ihre Schultern. Die Menschenfrau stöhnt und streicht mit der Hand über meinen Bauch. Ich bewege mich in konstantem Rhythmus, und Hekate stöhnt, während sie zweifach von Wogen der Lust durchpulst wird.

Zwischen uns sind viele Kombinationen möglich. Meine Erinnerung ist wie eine diamanthaltige Druse, opaliszierend, doch mit Funken kristallener Klarheit. Als es vorüber ist, küßt mich die Menschenfrau ein letztes Mal zärtlich und gleitet von Hekates Rücken herab. Als die Frau den Nymph wegzieht, lehnt sich Hekate an mich. Überall rings um uns her lachen und bewegen sich Wesen, sie berühren uns alle und bilden so einen riesigen Tanz. Ein anderer Zentaur galoppiert an uns vorbei und wirft mir einen ledernen Trinkschlauch zu. Ich halte ihn Hekate hin, dann trinke ich selbst. Der warme Wein kühlt mich ab, er tropft mir auf Kinn und Bauch und in Hekates lange Mähne. Der Geschmack ist stark und sauer, und wir bekommen die Wirkung fast augenblicklich zu spüren. Von neuen Lebensgeistern erfüllt, mache ich auf den Hinterhufen kehrt und tolle zusammen mit Hekate wie ein Fohlen über die Wiese, wobei wir nach einem Nachtpony hangeln, das zwischen uns schwebt. Seine schwarzen Fledermausflügel sind rasiermesserscharf. Unter einem Baum sehen wir uns an und kopulieren noch einmal, während in der Nähe ein Menschenpaar zuschaut und lacht.

Die Energie des Rausches hält einige Zeit an, doch dann verfliegt sie wieder, während Hekate mich ausgelassen unter den Bäumen jagt. Ich stolpere und werde langsamer, sie zieht an mir vorbei und ruft nach mir, doch als ich ihr nicht folge, da schnaubt sie und galoppiert weg. Ich lasse mich in das sanfte Kissen der Piniennadeln sinken und gebe mich einer erfreulichen Lethargie hin. Während ich döse, kommt der goldgrüne Nymph zurück und rollt sich vertrauensvoll zwischen meinen Hufen zusammen.

Ich träume von Elfleda, doch gerade als ich sie berühren möchte, verblaßt der Traum. Ich erwache halb und sehe sie tatsächlich vor mir, halb verborgen zwischen Farnen. Sie weiß nicht, daß ich hier bin.

Der häßliche Menschenjunge steht vor ihr. Er hat den Kopf gesenkt, so daß ihm das Haar ins Gesicht fällt und es verbirgt. Elfleda sagt etwas zu ihm, das ich nicht verstehen kann, da schaut er auf und lächelt. Seine Bewegungen sind zögernd. Elfleda nimmt ihn bei der Hand. Er berührt ihre Brüste, ihre Kehle, ihre Stirn, ihr gezwirbeltes Horn. Sie berührt ihn an den Schultern und reckt den Kopf empor. Dann verschwinden sie gemeinsam im Wald. Ich zittere, schließe die Augen und versuche, wieder einzuschlafen, während ich mir selbst glauben machen möchte, ich sei nie wirklich erwacht.

Noch im Verlauf der Nacht kommt Hekate zu mir zurück und legt sich Rücken an Rücken mit mir, damit wir es uns beide etwas bequemer machen können. Ich hatte erwartet, daß sie bei der Menschenfrau bleiben würde.

„Konntest du sie nicht finden?“

„Ich habe sie gefunden“, antwortet Hekate. Ich warte. Schließlich fährt sie fort. „Sie hat mich weggeschickt. Ich nehme an, sie hatte etwas Besseres vor.“ Ihre leise Stimme ist wie geschaffen für Zorn, aber nicht für Enttäuschung. Sie murmelt noch einige weitere Worte, während wir uns beide zum Schlafen ausstrecken. Auf der Wiese werden sich nur noch einige Menschen und wahrscheinlich die Satyre betätigen. Ich begreife nicht, weshalb sich die Menschenfrau von Hekate abkehrte. Auch ich wäre enttäuscht, wenn mich jemand wegen dieser haarigen Geschöpfe abgewiesen hätte. Doch wir gehorchen unseren Meistern, so lange wir es vermögen, ob sie uns nun befehlen, ihnen zu dienen oder sie zu verlassen.

Die Nachwirkungen der Nacht branden über mich herein, ich bin erschöpft.

Der Nymph schnarcht, und Hekate räkelt sich im Schlaf. Ich höre Gelächter und Kichern, einen geflüsterten Befehl, leise zu sein, doch die Geräusche gehen wie eine Brise über mich hinweg. Das müssen Menschen sein, die nach Unterhaltungen suchen, aber ich kann ihnen nicht mehr zu Willen sein.

Wir haben wenig Stürme hier, doch wenn sie kommen, dann sind sie heftig und verheerend. Wir wissen, wann wir Zuflucht suchen müssen, denn ihnen geht immer ein kühler Wind von den Bergen voraus, der ein bestimmtes Aroma mit sich bringt. Mein Fell stellt sich auf, denn jener Wind ist der Wortbrise nur zu ähnlich.

Ich bewege die Beine vorsichtig, damit ich den schnarchenden Nymph nicht verletze, dann erhebe ich mich. Hekate regt sich, erwacht aber nicht. Ich bin schon ganz steif und ungelenk, meine Beine schmerzen. Aber ich erinnere mich an die Richtung, in die

Elfleda und der häßliche Junge gegangen sind. Und ich erinnere mich, wie die Menschen sie verfolgten.

Ich folge der niedergetrampelten Spur, habe aber Angst, laut nach ihnen zu rufen. Elfleda könnte außerhalb der Hörweite sein, doch wenn die Menschen mich hören, werden sie mich zum Schweigen bringen. Ich klettere so rasch wie möglich. Der Schmerz in den Hufen breitet sich in den Beinen und entlang den durch meine ungewöhnliche Konstruktion belasteten Teilen aus.

Plötzlich erreiche ich die Baumgrenze. Das Mondlicht wirft meinen langen Schatten auf hellen Granit. Der Berggipfel ist immer noch weit entfernt und durch Klüfte, Felsen und Felswände von mir getrennt.

Ich erklimme den ersten Paß, meine Hufe kratzen über kahles Gestein. Als ich den Gipfel erreicht habe, kann ich Elfleda und den Jungen golden zwischen den Nebeln des Schattens ausmachen. Er hat die Hände in ihre Mähne verkrallt, sie hat die Arme um seinen nackten Körper geschlungen. Er preßt sich rhythmisch gegen sie.

Sie sind sicher und allein. Ich aber bin deutlich vor dem Hintergrund des Himmels zu sehen und spioniere ihnen nach. Ich schäme mich. Ich werde wieder zu Hekate zurückgehen . . .

Der Mond spiegelt sich in einer Waffe.

„Elfleda!“

Während sie aufgrund meiner Warnung den Kopf hochreißt, fallen die Menschen über sie her. Der Junge springt überrascht und verlegen zurück. Die Menschen schwärmen um sie herum und brüllen triumphierend, während sie Netze und Seile bereithalten, um ihr den Schneid wieder abzukaufen, den sie ihr einst verliehen haben. Der häßliche Junge blickt verwirrt von einem Gesicht zum anderen. Wenigstens wußte er nichts von den Plänen seines Initiationsfestes. Er sieht die Seile und wehrt eines ungehalten ab. Elfleda weicht vor einem anderen zurück, das sie verfehlt. Sie geht mit gesenktem Kopf auf die Menschen zu, die vor ihrem scharfen Horn zurückweichen. Sie ist zwischen den Bergen und den wartenden Netzen gefangen.

Ich galoppiere den Hang hinunter. Eine Schlinge senkt sich über Elfledas Kopf und wird gespannt. Sie wendet sich um, ergreift das Seil und stemmt sich auf die Hinterbeine, um zu ziehen, was den Menschen aus dem Gleichgewicht bringt. Sie entreißt ihm das Seil und wirft es zu Boden, doch da senkt sich bereits eine neue Schlinge über ihre Schulter. Eine schnappt wie eine Schlange nach ihren Hinterbeinen. Sie springt verblüfft auf, doch das straffe Seil zieht sie mitten im

Sprung wieder zu Boden. Sie bleibt verblüfft liegen, eine rote Verletzung zieht sich über ihre Kehle, Blut tropft von dem Bein, wo sie von dem Seil verletzt wurde.

Die Menschen bilden lachend einen Kreis um sie, während ich näher komme. Meine Hufschläge hallen von den Felswänden zurück. Für unsere Meister ist dies ein Abenteuer. Ich sehe, wie Elfleda zwischen ihnen den Kopf hebt. Sie bäumt sich auf, als ein Mensch zu ihr herantritt, ihr Horn reißt eine tiefe Wunde. Ich erreiche die Menge und bedränge unsere schwachen Meister mit den Schultern. Dann wende ich mich der Frau zu, die das Seil in den Händen hält. Ich ergreife sie und werfe sie den Berghang hinab.

Unsere Meister haben aufgehört zu lachen.

Elfleda kickt ein Seil weg und löst ein zweites, worauf sie sich mühsam wieder erhebt. Sie bedroht die Menschen mit ihrem Horn, ich mit den Fäusten und Hufen. Sie kreisen uns ein, bleiben aber auf Distanz. Wir haben uns Achtung verschafft.

„Achilleus!"

Sie macht einen Ausfall, und ich folge ihr. Die Menschen heben ihre Netze und ermahnen sich brüllend zur Eile. Ein Netz senkt sich über uns, doch Elfleda kann es packen und wegziehen. Ich gewinne an Geschwindigkeit, konzentriere mich und springe. Ein Tau streift mich, verfehlt meine Vorderbeine – doch es um die Vorderbeine zu schlingen ist sinnlos, sie müssen meine Hinterbeine erwischen –, ich schlage aus, das Seil rutscht auch von meinen Hinterbeinen ab, und ich bin frei!

Ich haste hinter Elfledas bleicher Gestalt her. Unser Rückweg zum Park, wo wir uns verbergen und hoffen können, daß der Zorn unserer Meister verraucht, ist abgeschnitten. Elfleda flieht auf die Berge und unpassierbaren Hänge zu.

Sie beginnt zu klettern, zögert aber, als sie mich nicht mehr hinter sich hören kann. „Achilleus, komm schon!"

„Aber wohin sollen wir gehen?"

„Egal – aber auf keinen Fall zurück, wenn wir leben wollen! Beeile dich!"

Sie greift ermutigend zu mir herunter, doch sie ist bereits so hoch oben, daß sie mich nicht mehr erreichen kann.

„Dort oben haben wir keine Chance."

Sie schaut an mir vorbei. Ich drehe mich um. Unsere Meister sind sehr nahe und zuversichtlich über den Ausgang der Jagd.

„Rasch!“ mahnt Elfleda wieder. Ich schreite mit den Hufen über kahlen Fels. Das ist Verzweiflung. Ich klettere. Ich rutsche auf den Felsen aus. Meine Hufe sind für Wiesen und Prärien geschaffen. Ich kann die Meister dicht hinter mir hören. Ich will schneller gehen, doch ich gleite aus und stürze auf die Knie, ich stoße einen Schmerzensschrei aus und stütze mich mit den Händen ab, um nicht zu fallen. Mein Blut tröpfelt auf Granit.

Elfleda ist fast nahe genug, um mich zu berühren. Ist sie heruntergekommen, um mir beim Klettern zu helfen?

„Ich kann nicht . . .“

„Versuch's“, sagt sie. „Versuch es einfach . . .“

Als sie meine Hand ergreift, wirbelt, silbern im Mondlicht, ein Seil über ihren Kopf.

Eine zweite Schlinge schließt sich um meinen Hals und reißt mich zurück. Ich packe sie und versuche, mich zu befreien, während ich klettere. Das Seil reißt mich wieder zurück, viel härter, es zieht mich zurück und schneidet mir in die Kehle. Meine schmerzenden Hufe schlagen gegen den Fels. Der Schmerz vervollständigt meine Verwirrtheit. Ich stolpere, stürze und gleite über Felsgestein. Ich bin verloren.

Als sich meine Wahrnehmung wieder geklärt hat, fallen warme Tropfen auf mich herab. Ich öffne die Augen und sehe die Meister, die Elfleda den Berg hinabführen. Sie ist im Zentrum eines ganzen Netzes von Seilen, die um Hals, Beine und Hufe geschlungen sind. Doch sie reckt den Kopf stolz empor. Einer der Menschen zieht an ihrem schwarzen Schwanz. Sie wendet sich um und schlägt mit einem Huf aus, doch die anderen Menschen zerren sie wieder nach vorn.

Ich springe auf. Der häßliche Junge will mich aufhalten, doch es ist zu spät. Ich schreie und falle zurück, erzittere, und plötzlich bin ich mit kaltem Schweiß bedeckt. Wenn ich still liegenbleibe, ist der Schmerz nur ein dumpfes Pochen.

„Tut mir leid“, flüstert der Junge. „Ich wußte nicht . . .“

Ich richte mich langsam auf den Ellbogen auf, bemühe mich aber, das Hinterteil nicht zu bewegen. Im Mondlicht ist das Blut schwarz, doch die ersten Sonnenstrahlen werden den Fleck auf meiner Flanke bald in helles Scharlachrot verwandeln. Ich kann die Knochen sehen, die aus meinem gebrochenen Bein hervorstehen.

Elfleda und die Menschen verschwinden zwischen den Bäumen. Ich sinke zum Boden zurück. Ich kann nur den dämmernden Himmel und den Menschenjungen sehen. „Hilf mir . . . bitte, hilf mir . . .“ Doch er wischt die Tränen von den Wangen und streicht sein Haar aus der Stirn. Es muß am Mondlicht und der Dämmerung liegen, daß er plötzlich nicht mehr so häßlich und unsicher aussieht. Hier verschwindet die Magie.

„Elfleda“, flüstere ich, und der Junge schaut mich verständnislos an, als wüßte er gar nicht, daß sie einen Namen hat.

Hinter mir kann ich die Schritte zweier Menschen hören, die sich mir zum letzten Mal nähern.

Paul David Novitski

Kernspaltung

NUCLEAR FISSION

Dunkle Hügel rollten unter dem Zeppelin dahin. Hinter ihm ging eine bleiche Sonne auf und badete den Küstenstreifen davor in goldenes Licht. Spinne lag zusammengerollt in einer Hängematte in seiner Kabine und sah durch das Fenster zu, wie die Landschaft von Willamette unter den Sternen sichtbar zu werden begann. Irgendwo in einer der Gebirgsfalten unter ihr lag das Kuppeldorf, das ihre Heimat war, umgeben von Fichten und Rhododendronbüschen. Sie streckte sich gähnend in der Schlinge aus. Ihr Bruder Fuchsia war wahrscheinlich der einzige, der schon so früh auf den Beinen war – er stand immer schon vor der Dämmerung auf, wanderte den Hügel empor zur Töpferei und arbeitete noch ein wenig vor dem Frühstück. Aber die anderen würden noch schlafen.

Spinne gähnte erneut. Für sie war es zu spät in der Nacht – oder zu früh am Morgen –, um wirklich ganz wach zu sein. Diese langen Transkontinentalflüge brachten ihren Biorhythmus immer durcheinander. Als sie den Zeppelin in Pennsylvania bestiegen hatte, war es neun Uhr abends gewesen. Während des Fluges war die Sonne hinter ihnen aufgegangen, war über sie hinweggewandert und vor ihren Augen untergegangen. Nun ging sie wieder auf, und obwohl sie während des dreißigstündigen Fluges die übliche Schlafperiode einer Nacht zur Verfügung gehabt hatte, fühlte sie sich erschöpft.

Sie drehte sich um und glitt geräuschlos aus der Hängematte, dann streckte sie die Schultern in der kühlen Nachtluft. In mehreren anderen Hängematten in der langen Kabine räkelten sich leise schnarchende Gestalten. Spinne ging an den Schläfern vorbei zur Luke.

Im Bug verharrte sie ein wenig auf der Toilette, dann stand sie auf und spritzte sich kaltes Wasser aus dem Waschbecken ins Gesicht. Sie strich mit langen Fingern ihren zerzausten weißen Afro zurück und betrachtete anschließend ihre flachen, platt gedrückten Gesichtszüge im Spiegel. Im fahlen Licht vom winzigen Fenster des Badezimmers schien sie wie ein Geist im Spiegel zu schweben, wie das Nachglühen einer Person, die ganz plötzlich verschwunden ist. Sie zitterte, trocknete sich geschwind mit dem rauhen Handtuch ab und verließ den Waschraum wieder.

Als sie die erste Luke zur Linken öffnete, erblickte sie dahinter die Silhouette von Pilotin und Cockpit vor dem Hintergrund der Berge im Dämmerlicht. Hier konnte sie das Schnurren der Motoren noch deutlicher hören. Sie schlüpfte seufzend in den leeren Sessel des Copiloten.

Die Pilotin sah herüber. „Hallo. Schon auf?"

„Immer noch. Ich konnte nicht richtig schlafen. Ich bin der Passagier nach Noti."

„Oh, richtig." Das Gesicht der Pilotin wirkte heiter im diffusen Schein der Dämmerung. „Da haben Sie ja nicht mehr lange zu warten. Wir werden in etwa vierzig Minuten landen."

„Eugene?"

Die Pilotin schüttelte den Kopf. Ihr Haar war kurz, es sah aus wie ein Fell. „Nein, Ihre ist die einzige Haltestelle bis zur Küste. Ich habe Zeit genug, Sie vor der Haustür abzuliefern."

„Fein! Ich konnte mich gar nicht mit dem Gedanken an eine dreistündige Fahrradtour abfinden."

Die Pilotin tippte mit einem Finger gegen das Mikro des Funkgerätes. „Ist eine verdammt ruhige Nacht gewesen. Bis Astoria müssen wir auch keinen mehr an Bord nehmen. In dieser Jahreszeit bleiben die Leute lieber zu Hause. Sie kümmern sich um ihre Gärten oder schneiden die Bäume . . ."

Spinne gähnte. „Erinnern Sie mich nicht daran! Ich war gerade drei Wochen bei dieser GRC-Konferenz im Osten, und ich weiß ganz genau, daß niemand bei mir zu Hause sich die Mühe gemacht hat, meine Zwergapfelbäume zu schneiden."

Die Pilotin lachte. „Ja, ich weiß, was Sie meinen. Wenn ich diese Rundreise hinter mir habe, werde ich den Sommer über daheim bleiben. Meine Familie fehlt mir sehr."

Spinne stemmte ein Bein gegen die Konsole und kreuzte das andere darüber. „Wo ist das?"

„In den Cumberlands. Wir haben eine große, alte Farm dort draußen, mit Schafen, Hühnern, Soja und Hanf. Etwa zwanzig von uns leben ständig dort. Sechzehn Frauen und vier Töchter."

Spinne betrachtete die Pilotin überrascht. „Sie sind verheiratet?"

„Logisch. Ich mag diese Abmachung. Auf dieser Seite des Ozeans haben wir die besten Zehnjahresverträge." Sie legte mit den Zehen eine Reihe von Schaltern um. „Und Sie?"

Spinne machte eine unbestimmte Geste. „Oh, einfach eine kleine, ausgedehnte Familie. Mein Sohn, sein Vater, *seine* Mutter, ich, mein Bruder, sein Geliebter, *seine* Tochter. Wir wollten niemals heiraten. Vor einigen Jahren änderten wir alle gemeinsam die Namen, aber etwas Formelleres als das wollten wir alle nicht."

Die Pilotin schniefte. „Klingt nach einem kleinen, verschworenen Klan."

Spinne runzelte die Stirn und zupfte an einem Knopf ihrer Bluse. „Schätze schon."

„Klingt aber nicht sehr überzeugend."

Spinne zuckte die Achseln. „Die Menschen ändern sich. Derzeit stehe ich jemandem in einem anderen Haushalt näher." Sie schwieg eine Weile. Die Welt draußen wurde heller, die Hügel sahen grüner und saftiger aus. In der Ferne waren die weißen Flächen des Küstenstreifens zu sehen, die mit den Wolken verschmolzen. Schließlich sah sie zur Pilotin hinüber. „Haben Sie Kinder?"

„Hm? Ja, ich sagte doch bereits, wir haben vier auf der Farm . . ."

„Nein, ich meine . . .

„Oh." Die Pilotin legte stirnrunzelnd einen Schalter um und justierte einen Regler neu. „Da Sie danach fragen, ja. Ich hatte vor einigen Jahren welche." Sie sah auf. „Jungen."

„Wo sind sie jetzt?"

„Wer weiß? Wahrscheinlich dort, wo ihr Vater ist."

Spinne strich mit der Hand über den Bauch. „Ich ließ mich sterilisieren, nachdem Spatz geboren war."

„Wirklich?" Die Pilotin schüttelte den Kopf. „Nicht mit mir, Schwester. Ich will nicht, daß mir irgend jemand in den Innereien herumwühlt."

Spinne keuchte. „Sie meinen, Sie haben zwei Kinder und sind nicht sterilisiert? Ihr Götter, wenn Sie nur die vom Hunger gequälten armen Würmer sehen könnten, mit denen ich es jeden Tag zu tun habe!"

Die Pilotin wandte sich um und nahm Spinnes Gesicht zwischen die Hände. „Kleines", sagte sie lächelnd, „wo ich derzeit bin, *kann* ich überhaupt nicht schwanger werden."

„Oh." Spinne spürte, wie ihr Gesicht heiß wurde und schluckte schwer. „Tut mir leid, das war dumm von mir . . ."

„Vergessen Sie's." Die Pilotin wandte sich wieder ihren Kontrollen zu.

Spinne suchte fieberhaft nach einem Weg, ihren Ausrutscher wiedergutzumachen. „Meine Geliebte ist schwanger", sagte sie daher.

„Was Sie nicht sagen."

„Deshalb komme ich früher von der Konferenz zurück. Sie wollte, daß ich da bin."

Die Pilotin zuckte die Achseln. „Warum hat sie's nicht einfach hinausgeschoben?"

„Nein, sie hat sich schon vor mehr als einem Jahr für dieses Datum entschieden. Heute ist Halbmond."

Die Pilotin schnob verächtlich. „Ich habe mich schon in der Schule nie sehr für Astrologie interessiert. Als ich meine beiden Jungen hatte, stellte ich einfach meine Arbeit ein und ließ alles weitere meinen Körper machen." Sie verschob mehrere Schieber am Kontrollbord. Spinne fühlte, wie sie sanken. Das Summen der fernen Maschinen wurde einen Ton höher.

„Im Grunde genommen", gab Spinne zu, „denke ich genauso. Ich bekam meinen Jungen natürlich. Wanderer hat mich immer noch nicht davon überzeugen können, daß eine Verlängerung der Schwangerschaft nicht schädlich für den Fötus ist." Die Pilotin antwortete nicht, daher lehnte Spinne sich zurück und betrachtete die immer deutlicher hervortretenden Einzelheiten der Landschaft unter ihnen.

„Sagen Sie mir, wo Sie genau wohnen, damit ich mit diesem Ding hier landen kann", bat die Pilotin.

Spinne dachte nach, dann suchte sie in ihren Taschen nach einem Bleistift und einem Stück Papier. „Da wir gerade dabei sind", sagte sie. „Ich würde Sie gern dasselbe fragen."

Blutrotes Sonnenlicht ergoß sich wie warmer Sirup über Spatz' geschlossene Lider, während er auf der Matte schnarchte. Unwillig zu erwachen, klammerte er sich an die schwindenden Traumsplitter, doch jene Visionen, Gerüche und Eindrücke glitten ihm nur um so schneller zwischen den geistigen Fingern hindurch, bis er schließlich gestrandet im sonnigen Morgen zurückblieb.

Er rieb sich blinzelnd das Gesicht und drehte sich auf der Matte um, damit ihm das Sonnenlicht nicht mehr direkt ins Gesicht schien. Eine kühle Morgenbrise wehte den sanften Geruch von Blüten durchs

Zimmer. Mit der Dämmerung hatte sich die Spitze der Kuppel wie eine Blüte geöffnet, um die Blütenblätter der wärmenden Sonne zuzukehren. Der altvertraute Zweig ragte in den für ihn sichtbaren Ausschnitt des Himmels hinein, die weißen Blüten wurden sanft im Wind gewiegt.

Spatz atmete die kühle Mischung verschiedener Gerüche ein und seufzte sie langsam wieder aus. Oben am Himmel schwebte ein schwarzes Fleckchen im Blau. Er kniff ein Auge zu. Was mochte wohl der Vogel dort oben sehen? Wahrscheinlich ein schäbiges Gestrüpp im Antlitz des Berges, dazwischen Bächlein und Zufahrtsstraßen. Und hier, in einem Fleckchen Sonne, eine Handvoll Kuppeln, die wie Warzen ausschauten.

Spatz kicherte bei dem Gedanken, eine lebende Warze zu sein. War die Welt wirklich wie ein Gesicht, wie das Gesicht des Mondes? Wenn Spinne ihn in ihrem Schoß sitzen ließ, dann fuhr er gerne mit einem Finger über diese Beule unterhalb ihres linken Ohres, aus der drei weiße Härchen wie die Schnurrhaare einer Katze hervorsprossen. Er schüttelte den Kopf, um diese Erinnerung abzuschütteln. Wenn er an Spinne dachte, dann fühlte er sich immer so einsam. Die Welt glich dem Gesicht eines Coyoten, aber mit grünem Bart, nicht mit rotem.

Er richtete sich zitternd auf, und das Leinentuch rutschte von seiner braunen Brust herab. Er strich lange Haarsträhnen aus dem Gesicht, ließ den Kopf zurücksinken und erstarrte plötzlich mitten im Gähnen. Das war ja gar kein Vogel dort oben! Der Fleck war zu einem deutlichen Gegenstand geworden, dessen ovale, längliche Form er nun deutlich ausmachen konnte.

Spinne kam heim!

Er sprang von der Matte und eilte den langen Flur hinab, der sein Zimmer mit dem Haupthaus verband. Er schwang die Tür beiseite und betrat den großen, kühlen Raum. Das kitzelnde Aroma von Johannisbrotbäumen schwängerte die Luft. Bilder und Drucke, vertraute Kissen und Regale voller Bücher zierten die Hauptwand der Kuppel. Der dicke runde Teppich in der Zimmermitte war in den Farben des Waldes gehalten. Alle Türen, die zu anderen Seitenkuppeln führten, waren mit verschiedenfarbigen Stofftüren versperrt, auf denen die Embleme ihrer Bewohner prangten. Nur drei davon wurden von Borten offengehalten – Coyotes Landschaft in schwarzen Pinselstrichen, Schwans alter psychedelischer Druck und Fuchsias brauner Filzteppich. Die anderen schliefen wahrscheinlich noch. Fuchsia stand immer als erster auf – er ging hoch zur Töpferei –, aber Coyote und Schwan . . .

Spatz umkreiste den Raum auf dem Weg zum Küchenalkoven, wobei er den längeren Weg in Kauf nahm, um noch auf die Toilette gehen zu können. Sein dünner gelber Strahl fiel in die Dunkelheit des Komposters. Er vergaß nicht, den Deckel zuzumachen und flüchtig die Hände im Wasserstrahl zu waschen, worauf er sie auf dem Weg zur Küche trockenschüttelte.

Er schlich die letzten Schritte und spähte vorsichtig um den Kamin herum. Schwan kauerte am Küchentisch, trank Johannisbrotsirup und las in einem Buch, während Coyote am Gartenverschlag kauerte und das Frühstück schälte. Er sah auf, erkannte Spatz und winkte.

Spatz ging hinüber und ließ sich auf einem Kissen an dem niederen Tisch nieder. Schwan, die ein grünes Kleid trug, murmelte etwas, und die verästelten Falten ihres Gesichts verzogen sich zu einem Lächeln. Spatz lächelte zurück, behielt sein Geheimnis aber für sich, und schenkte sich ein Glas Orangensaft ein, ohne viel zu verschütten. Er preßte den kühlen Rand des Kruges an die Lippen. Süßer Saft.

Coyote stellte einen Korb Früchte auf den Tisch und nahm gegenüber von Spatz Platz. Seine Lippen bewegten sich hinter dem buschigen roten Schnurrbart: „Was gibt's Neues?"

Spatz signalisierte mit der Hand: *Ich kenne ein Geheimnis!*

Coyote keuchte mit gespielter Verblüffung. „Los, spann uns nicht auf die Folter!"

Auch Schwan legte ihr Buch nieder. „Was ist los?"

Spatz sprang vom Kissen und rannte einmal im Kreis um den Tisch, wobei er den Kopf gesenkt hielt, die Wangen aufblies und die Arme fest an die Seiten preßte. Nach einer Runde setzte er sich wieder hin, nahm sich eine Handvoll der Früchte und sah Coyote und Schwan listig an, während er von dem Obst probierte.

Schwan und Coyote sahen einander verblüfft an.

„Mal sehen", sagte Coyote nachdenklich. „Du hast eine Biene gesehen!"

Spatz schüttelte den Kopf.

„Den Stier auf der Wiese", sagte Schwan.

Wieder falsch, signalisierte er.

Dann beugte Schwan sich hinüber und legte die Hand auf Coyotes Schulter. Er beugte den Kopf nach vorn und grinste plötzlich. „Es muß ein Schiff sein!" Er stand auf und ging zum Fenster, das Sonnenlicht elektrisierte sein rotes Haar. Schwan gesellte sich zu ihm, und dann senkte sich plötzlich ein Schatten über das Zimmer und schaltete Coyotes Haar ab. Ein flatterndes Gefühl breitete sich kurzzeitig in Spatz' Magen aus. Coyote wandte sich um und hörte auf zu grinsen.

Du hast geschummelt! Spatz riß die Hände in die Höhe. *Du hast es nicht erraten, du hast geschummelt!*

„Ach, komm schon!" sagte Coyote und kniete vor ihm nieder. „Sei doch nicht so. Ich kann doch auch nichts dafür, daß ich..." Er blinzelte und versuchte, wieder zu grinsen. „He, Spatz", sagte er dann. „Gehen wir doch raus und schauen ihm beim Landen zu!"

Spatz preßte die Kiefer aufeinander und wandte sich ab. Seine Freude war verflogen, nun war er traurig und müde. Er wollte Spinne landen sehen, aber nicht, wenn der dumme Coyote, Schwan, Häschen und alle anderen sich draußen drängten. Seine Augen begannen zu schmerzen, und er wischte die Nässe fort. Er riß ein zähes Stück Fruchtfleisch mit den Zähnen ab und kaute verbissen darauf herum. Als er sich schließlich wieder umsah, waren Coyote und Schwan verschwunden.

Er sprang auf und rannte aus der Küche, dann erstarrte er einen schmerzlichen Augenblick in der Hauptkuppel. Das Gefühl in seinem Magen war jetzt stärker, eine niederfrequente und pulsierende Vibration. Daher kehrte er um und rannte nicht hinaus, sondern durch die Flanelltür wieder in sein Zimmer zurück.

Sein Mund klappte herunter und schloß sich langsam wieder. Der gigantische, im Licht der Morgensonne dunkelrote Bulk des Zeppelin erfüllte fast den ganzen Himmel. Er kletterte auf seine Kleidertruhe, wo er auf Zehenspitzen stand, damit er über den Rand der offenen Kuppel sehen konnte. Der Zeppelin schwebte über der Wiese neben dem Haus, darunter standen zwei winzige Gestalten – er sah Coyotes rotes Haar und Schwans weiße Mähne. Dann sank langsam eine Kugel an einem Kabel vom Rumpf des Schiffes herab. Spatz konnte Fuchsias dunkle Gestalt sehen, die von der Töpferei herunterkam, während Rose hinter der Biegung der Hauptkuppel auftauchte. Sie hatte Häschen am Arm, und gemeinsam näherten sie sich den anderen.

Die Kugel, die verglichen mit dem Mutterschiff sehr winzig ausgesehen hatte, war in Wirklichkeit viel größer als die umstehenden Menschen. Sie schwang sanft an ihrem Kabel, bis sie das Gras berührte. Dann ging eine Tür auf, und Spinnes vertrauter weißer Haarschopf drängte ins Freie. Sie sprang auf den Rasen und griff hinter sich nach ihrem Gepäck. Während sich alle um Spinne drängten, stieg die Kugel rasch wieder in die Höhe. Spatz biß sich auf die Lippen und entspannte seine verkrampften Füße. Jeder umarmte jeden, dann kamen sie auf das Haus zu.

Der Zeppelin erhob sich bereits wieder und entfernte sich vom Haus. Das Rumoren in Spatz' Eingeweiden ließ nach. Er stieg von der Truhe herunter, blieb einen Augenblick unentschlossen in der Mitte des Zimmers stehen, dann eilte er zum Fenster, riß es auf und kletterte hinaus.

Coyote schritt auf dem Teppich im Hauptzimmer hin und her, rieb die Hände aneinander und schritt weiter. Wohin war Spatz jetzt nur wieder verschwunden?

„He", rief ihm Spinne zu. „Setz dich endlich wieder hin und hör auf, dir Sorgen zu machen! Ihm wird schon nichts passiert sein." Sie saß unter einem blauen Picasso-Druck, Schwan an ihrer Seite und Häschen auf ihrem Schoß. Rose und Fuchsia waren schon längst wieder gegangen, Rose zur Arbeit im Dorfgarten und Fuchsia zur Töpferei.

Coyote wandte sich um und durchquerte den Raum erneut. „Es ist alles meine Schuld", sagte er. „Hätte ich nicht die dumme Bemerkung gemacht, daß ich hören kann . . . dann wäre er mit uns gekommen, um dich zu empfangen, und das ganze unliebsame Ereignis wäre nie . . ."

„Coyote!"

Er blieb stehen.

Spinne sah müde aus. „Komm schon, kannst du dich denn nicht einfach eine Weile still hinsetzen und ruhig sein? Du machst mich nervös, dabei bin ich erst seit einer Stunde wieder zu Hause. Spatz muß an seinen Problemen arbeiten, deshalb ist er nicht hier. Irgendwann muß er einmal lernen, daß Leute, die hören können, ihm eben in mancher Hinsicht überlegen sind, und er kann sich glücklich schätzen, wenn er kein höheres Lehrgeld bezahlen muß, als eine Wette zu verlieren. Sei nicht so überempfindlich."

Coyote überkreuzte die Arme und schürzte die Lippen. „Du nennst das einfach ‚überempfindlich sein', ausgerechnet du! Manchmal bin ich der Meinung, daß dir überhaupt nichts an Spatz liegt."

Spinne sah mit zusammengepreßten Kiefern weg.

„Jetzt aber Schluß, Coyote", sagte Schwan beschwichtigend. „Du weißt doch, was die Ärzte gesagt haben . . ."

„Die Ärzte können sich selber vergewaltigen!" brüllte er.

Häschen verzog das Gesicht und begann zu weinen. Spinne wiegte sie und sagte: „Schon gut, Häschen, schon gut." Dann bedachte sie Coyote mit einem wütenden Blick über die Schulter des Kindes. Die verblüffte Schwan sagte nichts.

Coyote atmete tief durch und versuchte, etwas ruhiger zu sprechen. „Tut mir leid, daß ich dich angeschrien habe, aber ich mache mir Sorgen um Spatz. Schwan, die Ärzte kannten den Jungen nicht. Sie waren einfach stammelnde Verhaltensforscher, die ihre Statistiken durchforsteten, um so zu einem vernünftigen Ergebnis zu kommen. Die Burschen sind doch alle gleich."

Spinne sah ihn ungläubig an und gab ein ersticktes Geräusch von sich.

„Die Ärzte rieten", sagte Schwan, „sanft vorzugehen. Nichts zu erzwingen."

„Erzwingen!" Coyote schüttelte den Kopf. „Glaubst du, ich möchte etwas erzwingen? Ich möchte nur, daß mein Kind emotional ausgeglichen aufwächst."

„Vielleicht bist du dabei zu streng", sagte Spinne.

„Denkst du denn nicht daran, daß ich den Jungen liebe?"

„Pssst!"

„Du . . ." Er wandte sich ab, dann wieder um. „Bei dir hört sich das an, als wäre ich auf einer Art Ego-Trip."

Spinne sah ihn verblüfft an und lachte.

Er ging zur Tür.

„Schwer", sagte Schwan mit leiser Stimme hinter ihm. Er umklammerte die Mulde neben der Tür und atmete langsam aus.

„Was?" fragte er.

„Liebe", sagte seine Mutter, „ist schwer zu teilen."

Coyote grunzte und ging hinaus. Die Sonne hatte die Hälfte ihres Weges am Himmel bereits hinter sich gebracht, kleine Wölkchen sammelten sich vor ihrer gleißenden Scheibe. Es würde ein heißer Tag werden. Mit tief in die Taschen gesteckten Händen umrundete er die Außenkuppel. Warum fiel es ihm nur so schwer, mit Spinne zu reden? So ging das nun schon seit Monaten. Sie war distanziert, kritisch und streitsüchtig. Sie ignorierte ihn, und, was noch schlimmer war, sie ignorierte ihren eigenen *Sohn*.

Nicht, so dachte er, daß es ihm etwas ausmachte, den größten Teil der Verantwortung für Spatz allein zu tragen. Schließlich war der Junge ja auch sein Sohn. Und er mußte zugeben, daß Spinnes Arbeit schwierig, nervenaufreibend und zeitaufwendig war, daher war sie häufig abwesend und empfindlich. Aber ... nun, zum Teufel, man mußte sie nur einmal beobachten. Schließlich fand sie ja auch Zeit für lange Gespräche mit Schwan, und dann widmete sie Häschen Stunden ihrer Zeit, die sie eigentlich für Spatz aufwenden sollte. Coyote war sicher, daß er schon ein eifersüchtiges Funkeln in Spatz' Augen gesehen hatte, wenn seine Mutter mit Häschen zusammen war. Und sollte eine ausgedehnte Familie nicht gerade das vermeiden ... Eifersucht? Wenn die Kulturrevolution einen Makel aufwies, dachte er, dann war es der, daß sie auf Leute von gestern zurückgreifen mußte. Coyote kickte kopfschüttelnd gegen einen Erdklumpen.

Und dann gab es auch noch Wanderer. Hatte Spinnes Beziehung zu ihr nicht den Hauch von etwas Perversem? Nein, nicht wegen des Sex – Coyote war erwachsen, auch er hatte seine homosexuellen Affären gehabt, daran war nichts auszusetzen. Nein, es hatte etwas mit der gefühlsmäßigen Intensität von Spinnes und Wanderers Beziehung zu tun. Ihr Liebesgeturtel hatte etwas Anstößiges, etwas *Pubertäres* an sich. Ihre Beziehung war zu exklusiv. Er fühlte sich vollkommen aus ihrer beider Leben ausgeschlossen. Und er war sicher, daß die anderen dies ähnlich empfanden. Er war nicht einfach nur *eifersüchtig* – Götter, es lag schon Monate zurück, seit Spinne und er zum letzten Mal kopuliert hatten, und noch länger war es her, daß sie wirklich Freunde gewesen waren. Es war nicht sein Problem, es war ihres ...

Er umrundete die Kuppel weiter und näherte sich dem Garten. Es war schön, die Saat schon so früh sehen zu können. Er selbst hatte den Garten im ersten Herbst angelegt, kurz nachdem Spinne und er hierhergekommen waren, und er hatte das traditionelle flache Gartenmuster verändert, das Schwan jahrelang benutzt hatte. Sein Garten stieg langsam zu einem Hügel über dem umliegenden Rasen an, dessen Form, wie es sich so ergab, an Spinnes linke Brust erinnerte, wenn sie schlief. Aber das hatte er ihr niemals gesagt. Sie hätte ihn wahrscheinlich nur dafür kritisiert, dem einen oder anderen Fruchtbarkeitsgöttinnenmythos nachzuhängen. Wie das Bild auch aussehen mochte, der Garten bildete eine durchdacht angelegte und funktionelle Einheit. Wo der Nippel sein sollte, befand sich ein kleiner Teich, der von der Quelle des Haushalts genährt wurde, die sich nicht weit entfernt bei einer Mühle befand. Das Wasser rieselte durch ein System irdener Röhren, die die Pflanzen bewässerten. Die Pflanzenbeete verliefen spiralförmig vom Teich herab, und sie wurden von mehreren radialen Pfaden unterbrochen, die direkt von der Kuppe herabführten. Coyote erklomm den Hügel, nahm aber den längeren, spiralförmigen Weg nach oben. Als er die letzte Kurve umrundet hatte, sah er Spatz zusammengekauert im Sand der gegenüberliegenden Seite spielen. Er blieb stehen und atmete dreimal tief durch. Erst dann ging er langsam weiter.

War das ein Unkraut? Spatz beugte sich über die Sandwölbung, um das winzige Pflänzchen besser sehen zu können. Die Blätter waren spitzer und hatten mehr Ausbuchtungen als Tomatenblätter. Er griff danach, um es herauszureißen, dann aber hielt er inne und streichelte das winzige Pflänzchen statt dessen. Sogar Löwenzahn war gut im Salat, und später war er zum Wünscheerfüllen geeignet. Warum war ein und dieselbe Pflanze an manchen Stellen gut und an anderen schlecht? Warum nannte man sie *Unkraut?* Armer kleiner Löwenzahn, dachte Spatz, du bist eigentlich gar nicht schlecht, du wächst nur am falschen Ort, das ist alles. Und das ist nicht mal deine Schuld. Unkräuter kommen nicht freiwillig als Unkräuter auf die Welt.

Plötzlich fiel ein Schatten über den Sand. Spatz schreckte zurück. Coyote ragte über ihm auf. Er beugte sich lächelnd herab. Spatz hielt den Atem an, dann sah er hinabblickend, daß er das kleine Unkräutlein versehentlich mit den Fingern herausgerissen hatte. Er begann zu weinen, da legte Coyote ihm die Arme um die Schultern, doch er riß sich los und hob das Löwenzahnpflänzchen auf. Die haarähnlichen Wurzeln hielten noch ein wenig Erdreich umklammert, doch die Pflanze sah bereits aus, als würde sie zu welken beginnen.

Er sah vorwurfsvoll zu Coyote empor, der besorgt dreinblickte und sagte: „Wir können es wieder einpflanzen."

Spatz schüttelte den Kopf und hielt das Pflänzchen so, daß Coyote es genauer ansehen konnte.

„Ach so", meinte Coyote. Er sah sich um, dann deutete er zur Wiese. „Dann pflanzen wir es eben dort ein."

Sie gingen gemeinsam den Gartenweg zurück und zur Wiese hinüber. Coyote kniete nieder und grub mit seinen dicken Wurstfingern in der feuchten Erde. Danach zerkrümelte er sorgsam Erdbällchen um die verletzbaren Würzelchen herum, bis die Pflanze so gesund und sicher wie im Garten aussah.

Spatz stieß Coyote an der Schulter an und machte Handzeichen. *Ist jetzt wieder alles in Ordnung?*

Coyote lächelte. „Ich glaube schon. Unkräuter sind verdammt zähe Burschen."

Spatz seufzte und ließ sich auf die Fersen zurücksinken. Das kleine Fleckchen Sand, kaum größer als seine Handfläche, auf dem das Unkräutlein sprießte, war nun sein eigener Garten. Er kam zu dem Ergebnis, daß er ihn dem großen Familiengarten vorzog. Er würde jeden Tag die Pflanze gießen, damit sie saftige grüne Blätter und eine große gelbe Blüte bekam. Und dann im Herbst . . .

Coyote nahm ihn bei der Hand. „Komm", sagte er. „Höchste Zeit zum Waschen."

Spatz runzelte die Stirn und signalisierte mit der linken Hand: *Wozu?*

Coyote gab vor, vor lauter Verblüffung ganz aus dem Häuschen zu sein, so daß Spatz lachen mußte. „Hast du das denn schon vergessen? Heute ist doch der Tag von Wanderers großer Überraschung!"

Spinne holte ein Fahrrad aus dem Schuppen und schob es in die Sonne, wo Fuchsia stand und Häschen im Arm hielt. Glasurspritzer waren auf der braunen Gesichtshaut und in den Haaren auf Brust und Armen getrocknet.

„He", sagte er zu ihr. „Nochmals vielen Dank. Rose sagte aber, ihr würde es nichts ausmachen, sie zu nehmen, wenn du deine Meinung ändern solltest."

Spinne schüttelte lächelnd den Kopf. „Nein, ehrlich, das tue ich doch gerne. Es wird bestimmt sehr lustig werden." Sie rückte lachend ihre Sonnenbrille zurecht. „Häschen ist noch zu jung, um mir Ärger zu machen, oder nicht, Mädchen?" Sie hob Häschen aus den Armen ihres Bruders, das Weiß ihrer Hände wirkte sogar im Vergleich mit Häschens rosafarbener Haut fahl, und setzte sie in den Babykorb zwischen der Lenkstange. „Alles klar?"

Häschen kicherte. Fuchsia ging wieder zum Haus zurück.

„He!" rief sie ihm hinterher. „Du bist wirklich der einzige Mann, mit dem ich klarkomme." Er lachte, doch dann erblickte er etwas hinter ihr und wurde wieder ernst. Sie wandte sich um und sah Spatz und Coyote Hand in Hand näher kommen. Coyotes Wangen wirkten eingefallen, aber er lächelte – sie sah zurück zu Fuchsia, doch der war hinter der Rundung der Kuppel verschwunden. Sie stieß einen langen Seufzer zwischen den Zähnen hervor, versuchte ein Lächeln und wandte sich wieder um.

„Hallo, Spatz! Wie geht es meinem kleinen Mann denn?“

Spatz lächelte ihr zu, sah kurz zu Coyote auf, dann legte er die letzten paar Meter laufend zurück. Spinne beugte sich hinab, um ihn zu umarmen, doch das Fahrrad kam aus dem Gleichgewicht, und sie mußte auf einem Fuß hüpfen, um nicht umzufallen. Dabei fiel ihr allerdings die Sonnenbrille von der Nase – sie fluchte und verbarg die Augen vor dem grellen Sonnenlicht, während Häschen zu weinen begann. „Schon gut, Häschen, schon gut“, beschwichtigte sie das Kind, dann sagte sie: „Spatz, würdest du mir bitte die . . . ja, danke.“ Sie nahm die Brille entgegen, setzte sie wieder auf und blinzelte. Coyote stand neben ihr und biß sich auf die Lippen.

„Oh, danke“, wiederholte sie dann. „Wo ist Spatz?“

„Weggelaufen. Was hattest du erwartet? Soll ich . . .?“

„Nein, danke. Schon gut, ich werde später mit ihm reden.“ Ihr Götter, dachte sie dabei, wenn er mich doch nur angeschrien hätte, anstatt mich nur so anzusehen. „Hör zu“, sagte sie dann. „Ich werde ein wenig Zeit mit Wanderer verbringen. Ihr könnt ja später nachkommen, okay?“ Sie fuhr rasch davon, war nicht ganz sicher, ob sie eine Antwort gehört hatte, und wandte sich an den Kuppeln vorbei zur Wiese und dem Wald. Sobald sie sich ausreichend sicher fühlte, ließ sie sich auf den Fahrradsitz nieder und atmete tief durch, wobei sie sich bemühte, langsam zu atmen. Sie konnte ihre Schultern zittern spüren. Götter im Himmel, warum hatte Coyote nur einen so großen Einfluß auf sie? Zum Teufel mit dem Mann, fauchte sie sich selbst an und wartete auf die unverzügliche Reue. Sie kam nicht. Sie war nur müde und erleichtert, allein zu sein. Wenigstens würde Häschen sie nicht in eine häßliche Szene verwickeln.

Sie strampelte weiter den schmalen Pfad entlang und segelte stumm durch die Lichtmuster und Gerüche des Waldes. Unter den Bäumen war das Sonnenlicht nicht so schmerzend grell. Das dichte Piniennadelbett des Waldes absorbierte nahezu alle Geräusche, strömte dafür jedoch einen starken Geruch aus, einen sexuellen Geruch, einen Geruch langsamer Verwesung, während die säurehaltigen Nadeln langsam zu feuchter Erde zerfielen. Vier Vogelarten konnte sie anhand ihrer Stimmen bestimmen. Als sie schneller fuhr, strich ihr der Wind übers Gesicht und durchs Haar, und obwohl sie so müde war, lachte sie und trat noch etwas schneller in die Pedale.

Häschen war glücklich in ihrem Korb. Sie strampelte mit den Beinen und bewegte die Hände wie in einem selbstvergessenen Tanz, während sie mit leiser Stimme vor sich hin sang. Spinne fuhr einen kleinen Hügel hoch und auf der anderen Seite wieder hinab, wobei sie die Haltegriffe losließ und die Arme wie Schwingen ausbreitete. Sie sang einige Strophen aus einem alten, traurigen Lied, das Schwan gerne auf der Gitarre spielte. *I wish I had a river soooo long, I would spread my wings and fly-yyy . . .*

Am Fuß des Hügels gabelte sich der Weg bei einer großen Fichte, die jeder Douglas nannte, die älteste im Wald. Ein Weg führte zum Gemeinschaftszentrum, wo Schwan und Coyote und Rose zeitweise arbeiteten, um das Gemeinschaftsquantum ihres Haushalts zu erfüllen. Spinne wählte den anderen Weg, die Ringstraße, die zu jedem anderen Haushalt in diesem Teil des Tales führte. Von hier aus hatte sie noch fünfzehn Minuten bis zu Wanderers Farm zu fahren.

Alles in allem umfaßte das Dorf Noti siebenundvierzig Haushalte, von denen manche bis zu dreißig Leute umfaßten, aber es gab auch Dreiergruppen, Paare und Einsiedler. Ihre Häuser waren über sechs Hektar des Tales verteilt und durch Wälder und Felder getrennt, nur verbunden durch die Fahrradwege und die lose kooperative Anarchie, mit der sie Gemeinschaftsangelegenheiten regelten. Noti war eine der ersten Geisterstädte gewesen, die mit dem Verschwinden der Städte während der techno-kulturellen Revolution neu besiedelt worden waren, und obwohl von Zeit zu Zeit einzelne Individuen unfähig gewesen waren, die Revolution in ihrem eigenen Leben zu manifestieren, funktionierte die Gemeinschaft doch schon seit nahezu einem Jahrzehnt erfolgreich.

Jeder Haushalt war autark, was das Lebensnotwendigste anbelangte – Nahrung, Kleidung, ein Dach über dem Kopf und Gesundheit –, aber große Menschengruppen können eben mitunter Dinge vollbringen, die kleineren unmöglich sind oder ihnen zumindest schwerfallen. Die Nachbarn in Noti kamen zusammen zum Kuppelbau, Ernten, Pflastern von Wegen und Ausheben von Brunnen, zum kollektiven Weiterverkauf von Rohstoffen, zum Singen und Theaterspielen. Während die Mehrheit sich ihren Lebensunterhalt durch Haushaltsarbeit und den Verkauf überschüssiger Güter an andereDörfer verdienten, gab es auch einige wenige, so wie Spinne, die außerhalb arbeiteten.

Spinne war Programmiererin beim Globalen Hilfswerk, einem internationalen Regierungskonsortium, das Nahrungsverteilungssysteme und landwirtschaftliche Wiedernutzbarmachung für jene Ge-

genden plante, die von den Dürreperioden um die Jahrhundertwende besonders stark betroffen worden waren. Spinne arbeitete zur Zeit am ‚Mittelwestamerikanischen Projekt zur Urbarmachung von Wüstengebieten'. Sie hatte eine Fernkonsole zu Hause, mit der sie den Großteil der anfallenden Arbeit erledigte. Die einzige physische Manifestation des Konsortiums war die jährliche Konferenz.

Während Spinne mit dem Fahrrad immer weiterfuhr, ließ sie den Wald schließlich hinter sich und radelte durch Getreidefelder, die Wanderers Heimat umgaben. Sie passierte einige alte Fachwerkhäuser, Relikte aus dem frühen neunzehnten Jahrhundert, die nun unbewohnbar waren und langsam verfielen. Sie wich einer Fußgängergruppe aus, winkte ihnen zu und bremste schließlich vor dem Hauptgebäude der Farm, einem großen, viereckigen Bauwerk, das aus grobbearbeitetem Zedernholz erbaut war. Sie stellte das Fahrrad neben den anderen ab und nahm Häschen auf die Arme, um mit ihr unter dem rebenumrankten Portal hindurch in die Küche zu gehen. Einige Menschen saßen um den Tisch und unterhielten sich. Ein paar sahen auf und winkten.

„Hallo", sagte Spinne und setzte Häschen auf den Boden, wo das Mädchen rasch zu den anderen Kindern krabbelte. „Hallo, Wanderer." Sie umarmte ihre Freundin. Wanderers Bauch war groß und warm zwischen ihnen.

„Hallo, Liebes, ich bin froh, daß du es geschafft hast." Wanderer strich mit den Fingern über Spinnes Augen, ihre Wangen, über die breiten, flachen Nasenflügel und über ihren Mund. Sie küßten sich, Zunge liebkoste Zunge, und trennten sich wieder voneinander. „Bevor ich das Schiff heute morgen kommen hörte, hatte ich mich schon fast damit abgefunden, noch einen Tag länger zu warten."

Spinne lachte. „Dummerchen, ich sagte doch, ich würde rechtzeitig zurück sein. Dein Herz hängt doch schon lange am Halbmond." Spinne stand auf. „Komm, ich will allein mit dir sein."

Wanderer lächelte. „Nimm mich am Arm", sagte sie. Sie erhob sich auf die Füße, strich ihr kurzes Haar zurück und ergriff Spinnes Hand. „Bin bald wieder zurück", rief sie, während sie zur Tür hinausgingen.

Sie überquerten den Rasen und ließen sich im Schatten eines blühenden Kirschbaums nieder. Spinne zupfte einen dicken Grashalm heraus und kaute auf einem Ende, während sie die subtilen Farbveränderungen in Wanderers achatfarbenen Pupillen betrachtete.

„Wann wird denn das große Ereignis stattfinden?"

„Ich habe mich für drei Uhr zweiundvierzig entschieden“, antwortete Wanderer. „Ich habe die Wehen heute morgen beginnen lassen. Ich hatte ursprünglich heute abend sieben Uhr erwogen, bin dann aber davon abgekommen. Nun entgeht mir die Konjunktion von Mars und Venus, aber dafür erhalte ich einen herrlichen Trigonalaspekt, und der Mond steht im Krebs, und das gefällt mir.“

Spinne mußte lachen. „Weißt du, ich habe nicht den leisesten Schimmer, wovon du überhaupt sprichst.“

Wanderer zog eine ihrer buschigen Brauen in die Höhe. „Du solltest wenigstens wissen, daß dein Mond ebenfalls im Krebs steht!“

„Großartig“, sagte Spinne. „Wir werden einen Klub gründen.“ Sie beugte sich hinüber und küßte Wanderers Wange. „Aber meinst du nicht, du hättest du-weißt-schon-wen wegen des Zeitpunkts fragen müssen?“

Wanderer runzelte die Stirn – „Wen? Oh!“ – und sagte lachend: „Dummerchen, das ist doch der springende Punkt. Ich habe den richtigen Zeitpunkt durch Abstimmung mit meinem Inneren erreicht. Ich würde doch nichts erzwingen wollen! Schließlich ist dies der wichtigste Tag dieses neuen Lebens.“ Sie streichelte mit der Hand den Stoff über ihrem Bauch.

Spinne biß sich auf die Lippe. „Du, Wanderer . . .“

„Hmm?“ Wanderer drehte ihr den Kopf zu, doch ihre Augen schienen einen Punkt hinter Spinnes linker Schulter zu fixieren. „Was ist?“

„Ich wollte sagen . . . nun . . . sagen . . .“

Wanderer preßte eine Fingerspitze sanft auf Spinnes Lippen. „Ja“, sagte sie. „Ich habe die anderen bereits gefragt. Ich glaube, es geht in Ordnung.“

Spinne küßte ihre Handflächen. „Du hast meine Gedanken nicht vollständig gelesen.“

Wanderers Augenbrauen wuchsen zu einer langen, dichten Hecke zusammen. „Ich dachte . . . ich meinte . . . möchtest du denn nicht zu uns ziehen?“

Spinne atmete tief ein und stieß einen Seufzer damit aus.

„Oh“, sagte Spinne schließlich. „Oh. Natürlich.“ Sie hob den Kopf vom Gras. „Stören sie dich denn so sehr?“

„Ja“, sagte Spinne nach längerer Pause.

„Oh, ich liebe dich wirklich, aber du mußt verstehen, daß ich meine Familie jetzt noch nicht verlassen kann.“

„Deine Familie an sich stört mich überhaupt nicht", sagte Spinne. „Nur die Männer."

„Ich weiß, daß du so denkst. Aber warum?"

Spinne atmete aus, richtete sich auf und strich sich über die Stirn. „Ich weiß nicht. Ich meine, schon, ich kenne das Gefühl seit zwei Jahren in- und auswendig, und es wird immer stärker. Ich weiß nicht, warum ausgerechnet ich so davon betroffen bin – vielleicht liegt das an dem Mann, mit dem ich zusammenlebe. Sie . . . sie passen einfach nicht, verstehst du. Sie passen nicht zu mir. Man könnte es einen Mangel an gemeinsamen Erfahrungen nennen. Ich weiß nur eines, daß ich nicht mehr länger mit ihnen zusammenleben möchte." Sie sah zu Wanderer hinab und bewegte sich etwas, um ganz in ihrem Blickfeld zu sein.

„Aber Spinne, du mußt verstehen, hier kann ich mich endlich entspannen. Zum erstenmal seit Jahren habe ich eine Heimat. Ich würde dich gern in unserer Mitte sehen, denn ich weiß, wie unglücklich du mit Coyote bist, aber ich bitte dich, nicht von mir zu verlangen, daß ich dich gegen meine Familie eintauschen soll. Denn dann müßte ich nein sagen müssen." Ihre Fingerspitzen zogen die Linie von Spinnes Mund nach, die Ränder unter den Augen und die Brauen. „Sei nicht traurig", sagte Wanderer. „Liebes, als Sachen behandelt, können Menschen niemals glücklich werden."

Spinne rupfte einige Grashalme aus und warf sie in den Wind. Wieder empfand sie die entsetzliche Müdigkeit und Schwäche. „Aber es ist doch nicht so, daß ich dich nur für mich alleine haben wollte", sagte sie und hörte ihre Stimme zittern. „Ich möchte auch einen großen Haushalt, ganz bestimmt. Ich möchte eben einfach, daß es sich nur um Frauen handelt . . ."

Plötzlich hinterließ Wanderers Fingerspitze auf ihrer Wange eine feuchte Spur. „Oh, Spinne, Spinne . . . Schau, was ist, wenn mein Kind ein Junge wird? Würdest du dann nicht mit ihm zusammenleben wollen? Spinne – Liebes –, meine Bindung ist einfach stärker als das. Ich gehöre hierher. Daher wollte ich dieses Kind haben. Ich habe ein Zuhause. Das brauche ich."

Spinne rückte ein wenig ab. „Es ist also endgültig."

„Endgültig! Spinne, ich bin hier zu Hause."

Sie spürte, wie die Muskeln ihres Kinns sich nach unten und die ihrer Augen sich zurückzogen. Sie wischte mit dem Handrücken über ihre Wangen und schluckte. „Verdammt noch mal!" Ihre Finger berührten das kühle Gras. „Wenn ich dich nur ein paar Jahre früher gefunden hätte. Wenn du nur nicht schwanger wärst . . .“

Wanderer zog die Brauen zusammen. Sie schüttelte den Kopf. „Spinne, du solltest dich mal selbst hören! Kannst du dir eigentlich vorstellen, wie du reagieren würdest, wenn jeder Mann sich so aufführen würde wie du? Komm jetzt. Sei heute meine Schwester. Ich möchte, daß du *bei mir bist.*“

Spinne schluchzte so sehr, daß ihre Kehle schmerzte, zog Wanderer an ihre Brust und hielt sie eng an sich gepreßt.

„He!“ rief Coyote. „Ich bin für Duschen. Wer geht mit?“

„Ich“, antwortete der tonverschmierte Fuchsia.

„Klar“, sagte Schwan, die staubig zur Tür hereinkam.

Spatz nahm Coyotes Hand und führte die Gruppe an.

Das Wasser fiel in schweren Tropfen, wie blaues Licht, von oben herab. Coyote, Fuchsia, Spatz und Schwan tanzten im häuslichen Regen umher, rubbelten einander mit Bürsten ab und schüttelten ihr nasses Haar.

„Wer schrubbt mir den Rücken?“ fragte Fuchsia.

„Ich“, antworteten Schwan und Coyote gleichzeitig. Sie lachten und schrubbten beide.

„Ahh“, stöhnte Fuchsia, „ihr geht aber herzhaft ran.“

Spatz machte sie händeschüttelnd auf sich aufmerksam. *Fuchsia pinkelt in die Dusche!*

„Hä?“ sagte Fuchsia und sah blinzelnd an sich hinab.

Coyote lachte und tippte Spatz auf die Schulter. „Du mußt genauer hinsehen“, sagte er. „Das ist doch nur Wasser, das heruntertröpfelt.“

Spatz sah ihn verwirrt an.

„Schau mich an! Schau dich an!“

Spatz spähte an seinem Bauch hinab, dann kicherte er entzückt. Das Wasser lief an seiner braunen Haut hinab, umkreiste den Nabel und tröpfelte in einem Bogen von seinem Penis herunter auf den Kachelfußboden.

Schwan beugte sich hinab und massierte Shampoo in Spatz’ verfilztes Haar. „Berufsrisiko“, sagte sie. Ihr Körper war, ebenso wie ihr Gesicht, mit Runzeln überzogen. Ihre Brüste hingen schlaff herab und wogten in der Nässe.

Ich habe dieses Wort nicht gesehen, signalisierte Spatz.

„Berufsrisiko“, buchstabierte Schwan. „Ein alter Ausdruck, der bedeutet, daß einem, nun, eben gewisse Dinge infolge des eigenen Berufs zustoßen können."

Was für Dinge?

Schwan räusperte sich und runzelte die Stirn. Fuchsia kniete neben ihr nieder und kitzelte Spatz am Nabel, was mit einem Kichern belohnt wurde. „Beispielsweise", sagte er, „bist du mit Knien auf die Welt gekommen. Wenn du nun auf etwas Hartes oder Grobes fällst, stößt du sie dir auf. Das ist das Berufsrisiko, Knie zu haben."

Schwan schüttelte den Kopf. „Das ist das Berufsrisiko herumzulaufen."

Auch Coyote kauerte sich nieder. „Und wir", sagte er, „haben einen Penis, weil wir als Männer auf die Welt gekommen sind, daher sieht es manchmal so aus, als würden wir in die Dusche pinkeln, auch wenn wir es gar nicht tun!"

Spatz lachte, dann betrachtete er Fuchsias Lenden, dann Schwans, schließlich sein eigenes kleines Stummelchen.

„Alle fertig?" erkundigte sich Schwan.

Fuchsia ging zur Wand und stellte das Wasser mit einem *Prschrr* ab.

„Ich hole Handtücher", sagte Coyote, aber Schwan hielt ihn fest.

„Für mich nicht", sagte sie. „Es ist so warm, daß ich auch im Freien trocken werde."

„Ich auch", sagte Fuchsia.

Und ich, signalisierte Spatz.

Coyote zuckte die Achseln. „Na gut." Die ganze Gruppe ging nach draußen, nahm Kleidungsstücke von der Leine, holte schließlich Fahrräder aus dem Schuppen und fuhr davon.

Spatz stellte sein Rad bei den anderen ab und machte sich auf eigene Faust daran, die Farm zu erkunden. Er war nur ein oder zwei Male hier gewesen, aber noch nie hatte er so viele Menschen gesehen. Das größte Gebäude der Farm war eine aus Holz erbaute Pyramide. Die Fenster und verschiedene Teile der Wand waren heruntergeklappt, um das Tageslicht einzulassen. Spatz hielt sich von den auf dem Rasen spielenden Kindern fern und umrundete das Haus, wobei er in offene Räume spähte. In einem saßen ungefähr zehn Leute und hielten sich bei den Händen. Sie hatten alle die Augen geschlossen, und er vermutete, daß sie *Om* praktizierten. Fuchsia hatte ihm das im letzten Herbst beigebracht. Es vermittelte ein gutes Gefühl, besonders, wenn man es durch die Hände des Nachbarn spürte.

Er schlüpfte unter einem niederen Bogen in der Hecke hindurch und gelangte in den Garten. Blumen aller Farben blühten im Sonnenlicht. Hinter einigen Büschen reckte sich ein riesiger, knorriger Kirschbaum himmelwärts, wo er zu einem weißen Blütenmeer explodierte. Mehrere Beinpaare hingen daraus herab, und oben wurde die Krone geschüttelt, was zu einem weißen Regen führte. Spatz ging langsam zwischen den Büschen auf den Baum zu und grinste glücklich bei dem Gedanken an ein Versteck, der seine Wirbelsäule emporkribbelte.

Er rannte um einen Busch herum und stand plötzlich inmitten einer Gruppe von Leuten, die im Gras saßen. Einige sahen zu ihm auf. Er konnte sich nicht bewegen. Eine Frau spielte Gitarre, alle anderen bewegten sich mit offenen Mündern wiegend hin und her. Er konnte ihre Worte nicht verstehen, da sie die Lippen nicht genügend bewegten. Mit einiger Anstrengung riß er sich los und lief in eine andere Richtung.

Ein Versteck! Er entdeckte einen Busch, kroch darunter und kauerte sich in der trockenen, von Blättern umgebenen Kuhle zusammen. Das war schon besser.

Manchmal fragte er sich wirklich, wie es sein mußte, von Dingen zu wissen, die man nicht sehen konnte. Er konnte verschiedene Dinge fühlen, Trommeln, das *Om* und den Zeppelin heute morgen. Er spürte diese Dinge im Magen und mit den Fingerspitzen und auch, wenn er die Hände auf die Kehle von jemandem legte, der sprach oder sang. Aber wie mochte es sein, jemanden zu fühlen, der mit abgewandtem Rücken sprach? Wie mochte es sein, eine Vogelstimme in den Zweigen eines Baumes trällern zu hören? Konnten andere Menschen diese Dinge wirklich aus der Ferne fühlen?

Seine Aufmerksamkeit wurde von Bewegungen außerhalb der Blätter abgelenkt. Alle gingen in dieselbe Richtung – zum Haus. Es schien an der Zeit zu sein – aber woher wußten sie das?

Als die Glocke zu läuten begann, war es in der Küche schon übervoll und laut. Einen Atemzug lang verstummten alle rings um Coyote, dann begannen sie wieder zu sprechen, aber nun leiser, mit veränderten Stimmen. Sie gingen alle auf die Tür zu, die zum Gemeinschaftsraum führte. Coyote stellte seine Teetasse ab und folgte ihnen. Er fühlte sich gesellschaftlich isoliert und gleichzeitig irgendwie klar im Innern und dem Augenblick verhaftet. Er lächelte und nickte, wenn er

Freunde sah, aber ihm war nicht danach zumute, mit jemandem zu sprechen, und mit ihm sprach auch keiner. Die Standuhr im Flur zeigte drei Uhr fünfzehn, das lange Pendel tickte langsam hinter dem Glas vor und zurück.

Das Gemeinschaftszimmer war ein zweistöckiger Raum. Wanderer saß im Lotossitz in der Mitte, während ihre Freunde den um sie verbleibenden Raum zu füllen begannen, die Kinder vorn, die größten Erwachsenen säumten die Wände. Coyote saß zwischen Menschen seiner Größe etwa in der Mitte der Versammelten. Seiner Schätzung nach hatten sich etwa hundert Menschen hier versammelt. Einige von ihnen erkannte er als Mitglieder dieses Haushalts. Er sah Schwan und Fuchsia, die zusammen rechts von ihm saßen, aber keiner sah zu ihm herüber. Fast jeder sah zu Wanderer. Coyote wandte sich ab, überkreuzte die Beine zu einer angenehmen Halb-Lotosstellung, und dann sah er Spatz' knochige Gestalt unter der Tür auftauchen. Er wünschte sich, der Junge würde in seine Richtung sehen ...

Die Gruppe atmete nun im gleichen Rhythmus mit Wanderer. Sie zog die Bauchdecke ein, entspannte sich wieder, mit jedem Atemzug hoben und senkten sich ihre Nasenflügel sichtbar. Man hörte nur noch das gemeinsame Atmen sowie die Schreie von Kindern und das Bellen von Hunden draußen. Wanderers runder Bauch erzitterte. Die Versammelten stimmten einen leisen Gesang an, dessen Rhythmus sich dem Atmen der Schwangeren und den Kontraktionen ihres Uterus anpaßten. Coyote räusperte sich und fügte dem Chor sein eigenes Murmeln hinzu. Sie waren wie ein Ozean zu Wanderers Mond, dachte er, und verwahrte die Metapher sorgsam an einem Ort, wo er sie wiederfinden konnte, wenn er wieder an seinen Gedichten arbeitete.

Der Gesang schwoll in immer stärkeren Wogen an und wieder ab. Eine der drei Mitfrauen hielt eine Armbanduhr in der Hand und murmelte Wanderer hin und wieder etwas zu, obwohl deren Konzentration völlig nach innen gekehrt schien. Sie hatte die Augen geschlossen und den Mund geöffnet. Sie veränderte mehrere Male ihre Haltung, bis sie schließlich die Gesäßbacken fest an den Boden preßte. Die Hände einer weiteren Mitfrau – Coyote kannte sie von den Gemeinschaftsgärten, ihr Name war Gael – ruhten auf Wanderers Schultern, um sie zu stützen, während die dritte auf dem Leinentuch lag und Wanderers Bauch, ihre Lenden und die ausgedehnte Vagina massierte. Als Wanderer schrille Laute der Ekstase und des Schmerzes von sich gab, erreichte auch der Gesang einen Höhepunkt, und dann erschien verblüffend rasch das nasse, rote Rund des Babykopfes zwischen ihren Schenkeln. Wanderer lehnte sich in Gaels Arme zurück, während die dritte Mitfrau das Baby in die Arme nahm. Die Hüften, die Knie und die winzigen Füßchen kamen heraus, schließlich hob die Frau das Baby empor und legte es auf Wanderers Bauch. Wanderers Hände griffen suchend hinab, spürten den Kopf und die kleinen Händchen. Da lächelte sie ganz kurz. Coyote war der Meinung, daß sie erschöpft aussah. Gael schob ihr ein Kissen unter den Kopf. Im Raum war es sehr still geworden, und das blieb auch so, bis das Baby nach mehreren Minuten den Gebrauch seiner Lunge entdeckte und einen kurzen Schrei ausstieß – dann erst begannen die Versammelten zu murmeln, zu lachen oder zu weinen.

Coyote blieb nicht und sah sich auch das Durchtrennen der Nabelschnur und die Riten nach der Geburt nicht an. Er erhob sich ungelenk und gesellte sich zu einigen anderen draußen. Niemand sagte etwas, sie sahen alle nur ernst oder glücklich drein. Jemandem im Garten wurde übel, Freunde halfen ihm. Ein Mann, den Coyote nicht kannte, lachte laut, obwohl seine Wangen tränenverschmiert waren, und breitete die Arme zur Sonne aus.

Coyote sah sich nach Spatz um.

„Aber schau dir doch nur die Augen an! He, hallo, Kleines!" Spinne berührte die winzige Handfläche mit einer Fingerspitze, die Hand schloß sich um ihren Knöchel, die Augen schauten wiederholt zu ihr hinauf. Spinne lächelte auf Wanderer hinab. „Hast du das gesehen?" Sie nahm Wanderers rechte Hand und schloß sie sanft um die Hand des Babys, die ihren Finger umklammert hielt. „Siehst du? Ich meine, fühlst du es? Das ist ein instinktiver Mechanismus aus der Zeit, als wir noch alle Haare auf Bauch und Rücken hatten, an denen die Neugeborenen sich festklammern konnten."

Wanderers marmorfarbene Augen schimmerten feucht, und sie sah zur Decke empor. „Ich verstehe", sagte sie.

Spinne lächelte und küßte die Finger der Frau. „Du hast alles gut überstanden, Kleines, wirklich prima. Das Baby ist sogar eine Sie."

Wanderer lächelte erschöpft und schüttelte den Kopf. „Du weißt, Liebes, daß ich schon lange behaupte, eine Geburt sei weniger Frauen- als Menschensache. Zu schade, daß die Hälfte unserer Bevölkerung leider außerstande ist, selbst diesen göttlichen Erschöpfungszustand zu erleben."

Spinne lachte. „Pssst. Über Politik können wir uns später unterhalten.“ Und plötzlich war sie traurig. Der Gemeinschaftsraum war fast verlassen, die Sonne ging unter. Oder vielmehr, dachte Spinne, die Erde ging auf. Sie spürte eine Träne, die ihre Wange hinabrollte. „Wanderer?“ Sie suchte in ihrer Tasche nach einem Stück Papier.

„Mmm?“ Wanderer schien schon fast eingeschlafen zu sein.

„Wir sehen uns später, ja?“

Sie nickte verträumt.

„Sagen wir ... in einem Jahr?“

Wanderer öffnete Augen, die nicht sahen.

„Ich gehe“, sagte Spinne mit einiger Anstrengung. „Ich weiß nicht, wohin. Wahrscheinlich nach Osten, nach Virginia. Ich möchte etwas Staub zwischen den Zehen spüren und mal was anderes sehen.“ Sie wartete darauf, daß Wanderer etwas sagte, aber diese gab keine Antwort. „Ich werde im nächsten Frühjahr zurückkehren, das verspreche ich dir. Denk doch nur. Diese kleine Lady hier wird dann schon im Haus umhergehen können.“

Nun lachte Wanderer unter Tränen. „Das bezweifle ich!“

„Ich liebe dich“, sagte Spinne.

„Ich liebe dich auch.“

Spinne beugte sich hinab und küßte ihre Wangen, ihre Lippen. Sie liebkoste das Kind, dann erhob sie sich und entfernte sich rasch.

Mit dem Fahrrad? Nein, zu Fuß. Den Asphaltweg verlassen und den Hirschpfad im Wald benutzen. Fichten, Büsche, Brombeersträucher und der schwere, süße Geruch des Nachmittags. Spatz rannte den Pfad entlang, bis er keuchend atmete. Er blieb stehen, zog die Hose hinunter und bückte sich, um einen hellgrünen Trieb zu beobachten, der sich gerade durch das krümelige Erdreich bohrte. Babypflanze, Babymädchen. Sterben, alt sein. Man selbst sein. War Schwan auch einmal ein Baby gewesen? Spatz schüttelte nachdenklich den Kopf.

Er fragte sich, ob jeder bei der Geburt so aussah. So still, so kläglich, schimmernd, verschmiert, so rot und blau und winzig! Spatz war fast sechs, viel größer als Wanderers Baby, aber verglichen mit Spinne und Coyote und Fuchsia und Rose war er immer noch ein Baby – und verglichen mit Schwan waren sie wiederum alle Babys. Und Schwan war auch ein Baby, verglichen mit ... mit Douglas. Aber wo endete das?

Er zitterte, denn es war schattig um ihn her. Er richtete sich ungeschickt wieder auf und zog die Hosen hoch, dann eilte er weiter den Pfad entlang. Die rote Sonne flackerte zwischen Blättern und Stämmen, während er ging. Der Pfad führte sanft gekrümmt hinab, dann stieg er weiter an, führte um einen Felsen herum und dann direkt bis zum Waldrand, nur wenige Meter von der Eingangstür der Hauptkuppel entfernt.

Er blieb stehen und fühlte sich taub und alt. Seine linke Wange begann zu schmerzen, Tränen rannen herab. Spatz rannte los.

Die Tür schlug zu und sperrte den Spätnachmittag aus. Schritte eilten die Rampe herab. Coyote, der nähte, sah auf. „He ..." Seine grauen Augen folgten Spatz, der wie ein Blitz durchs Zimmer eilte und hinter der blauen Flanelltür verschwand. „Puh", sagte er. „Ich frage mich, was diese Eile zu bedeuten hat."

Schwan, die neben ihm saß, holte ein Stopfei aus einer Socke und sah ihren Sohn an. „Hast du die Tränen nicht gesehen?"

„Was?" Coyote hob die Schultern seiner roten Haarwolke entgegen. „Aber ..."

„Ich habe Spatz die ganze Zeit nicht aus den Augen gelassen", erklang Fuchsias Stimme hinter einem Paar Hosen. Flipp, flapp, und schon landeten sie zusammengelegt auf dem Wäschestapel. „Ich glaube, Spatz hat das alles ... besonders aufgenommen", sagte er. „Ich glaube, daß er es aus der Sicht eines Fünfjährigen wirklich verstanden hat."

Danach wurde es im Zimmer einige Minuten still, abgesehen vom Geräusch von Stoff auf Stoff. Dann sagte Coyote: „O Gott ..."

„Ich glaube, Spatz war ergriffen", sagte Schwan. „In einem religiösen Sinn."

Coyote sah sie einen Augenblick stumm an, dann steckte er den Flicken, den er festnähte, mit einer Nadel fest und stand auf.

„Nun mach mal einen Punkt, Coyote", begann Schwan, doch er war schon verschwunden. Sie sank wieder zurück, schüttelte den Kopf und schürzte die Lippen. „Mein Gott, wann wird der Mann jemals lernen, jemanden allein zu lassen?"

Spinne schob die Tür beiseite (ein Schnappschuß eines Spiralmoleküls, Seide auf Sackleinwand) und kam ins Zimmer. „Schwan", sagte sie, „ich muß euch etwas ..."

„Er hört einfach nicht zu", sagte Schwan. „Und Spatz *kann* es nicht."

„Schwan ...“

„Na gut, ich schätze, wir müssen sie einfach in Ruhe lassen, damit sie gemeinsam ihre Antworten finden können.“ Wieder schüttelte sie den Kopf.

Spinne seufzte. „Da hast du wohl recht.“

Fuchsia stieß Schwan an und räusperte sich. „Spinne, wolltest du ...“ sagte er.

Spinne lächelte ihrem Bruder erschöpft zu und schüttelte den Kopf. Sie wandte sich um und ging wieder in ihr Zimmer, um zu packen.

Coyote fand Spatz in Decken vergraben an einer Wand der kleinen Kuppel. „He“, sagte er und schüttelte sanft Spatz' Schulter. „Ich bin's.“ Er drehte den Jungen auf den Rücken und betrachtete dessen rote Augen. „He, was hältst du denn von der Geburt heute? Ich fand, daß sie wunderschön war, du nicht auch?“

Spatz schüttelte nickend seine braune Mähne.

„Was denkst du darüber? Was hast du empfunden? Das würde ich wirklich gerne wissen.“

Spatz runzelte die Stirn und lächelte fast, doch dann begann er zu schluchzen. Coyote suchte nach seiner Hand und drückte sie.

„War es denn nicht hübsch?“ fragte er. „Ich habe in meinem Leben drei Geburten gesehen, eine davon war *deine* ... und jedesmal war es zu gut, als daß man es beschreiben könnte, und viel zu schön.“

Sein Sohn wandte sich ab und weinte ungeniert in die Decke.

„He“, sagte Coyote. „He.“ Und er fuhr mit der Hand über den bloßen Arm, der unter der Decke hervorragte. Spatz gab ein langgezogenes, tiefes Heulen von sich, bei dem es Coyote kalt den Rücken hinunterlief. Er drehte den Jungen behutsam wieder um. Spatz sah ihn mit hellen, feuchten Augen an und zog auch die andere Hand unter der Decke hervor. Seine Finger zitterten, doch Coyote konnte totzdem lesen, was sie sagten.

„Na klar“, antwortete er und zwang sich zu einem Lächeln. „Ich wüßte keinen Grund, der dagegen spricht. Viele Leute haben Babys, wenn sie alt genug sind.“

„Ah-ahhh“, weinte Spatz, schüttelte den Kopf und legte ihn an Coyotes Stirn. Haare und Kopfhäute rieben sich aneinander. Der Junge machte ein anderes Zeichen, das soviel wie *unmöglich* bedeutete.

„Oh“, sagte Coyote. „Wie kommst du denn darauf? Jeder kann

Babys ha . . ." Dann klappte sein Kiefer herunter. „O Gott", sagte er und zog den Jungen an sich. „Oh, Spatz, es tut mir leid, ich habe es nicht gleich verstanden." Er küßte seine Stirn, das Gesicht, die Hände. „Tut mir leid", murmelte er. „Ich würde dir gerne helfen, wenn du das meinst, aber das kann ich nicht. Wir alle müssen so leben, wie wir geboren werden."

Er zog sich etwas zurück und drehte Spatz' Kopf so, daß der Junge seine Lippen sehen konnte. „Ich liebe dich", sagte er. „So wie du bist." Und danach weinten sie beide gemeinsam eine Weile.

Als Spinne hereinschlüpfte, um sich zu verabschieden, weckte sie die beiden nicht auf.

Philip José Farmer

Die Reiter der Purpurnen Sozialhilfe oder Das große Ding

RIDERS OF THE PURPLE WAGE or THE GREAT GAVAGE

Wenn Jules Verne wirklich in die Zukunft hätte schauen können, sagen wir bis ins Jahr 1966, dann hätte er wahrscheinlich in die Hosen geschissen. Und erst 2166 – oh Mann!

Aus Großpapa Winnegans unveröffentlichtem Manuskript *Wie ich Onkel Sam beschissen habe und andere private Ergüsse.*

DER HAHN, DER RÜCKWÄRTS KRÄHTE

Un und Unter, die beiden Riesen, betteln ihn um Brot an.

Bruchstücke schweben durch den Wein des Schlafes nach oben. Riesige Füße zertreten unergründliche Trauben für das Sakrament des Inkubus.

Er, als Einfaltspinsel, angelt in seiner Seele als Köder für den Leviathan.

Er stöhnt, erwacht halb, dreht sich um, schwitzt dunkle Ozeane, stöhnt erneut. Un und Unter kehren ihrer Arbeit den Rücken und werden zu Mühlsteinen der versunkenen Mühle, murmeln pfui, fui, fu, fumm. Augen glitzern orangerot wie die einer Katze im Kämmerchen, Zähne als trübe weiße Finger in der dunklen Arithmetik.

Un und Unter, auch sie Einfaltspinsel, mischen emsig unselbstbewußt Metaphern.

Misthaufen und Hahneier: Der Basilisk richtet sich auf und gibt ein erstes Krähen von sich, zwei weitere folgen im Flauschrausch des Blutes in der Dämmerung und Ich-bin-die-Erektion-und-der-Hader.

Es wächst und wächst, bis Gewicht und Länge sich zusammentun und es herabbiegen wie eine noch nicht trauernde Weide oder eine abgebrochene Gerte. Der einäugige Rotkopf blinzelt über die Bettkante. Er legt den kinnlosen Kiefer auf und gleitet dann, während der

Körper anschwillt, hinüber und hinaus. Er schaut einäugig hierhin und dorthin, schnüffelt archaisch über den Fußboden und macht sich auf zur Tür, die durch einen Lapsus linguae von simulierenden Wächtern offengelassen wurde.

Ein gellender Schrei aus der Mitte des Raumes veranlaßt ihn zur Umkehr. Der dreibeinige Esel, Baalims Staffelei, iiaht lauthals. Auf der Staffelei befindet sich die „Leinwand", eine speziell behandelte flache Mulde aus beleuchtetem Plastik. Die Leinwand ist über zwei Meter hoch und achtzehn Zoll tief. Das Gemälde beinhaltet eine Szene, die bis morgen fertig sein muß.

Es ist ebenso Gemälde wie Skulptur, und die Figuren sind reliefartig herausgearbeitet, manche sind dem Zentrum näher als andere. Sie schimmern im Licht von außerhalb, aber auch die Plastikfläche der „Leinwand" glüht von innen heraus. Das Licht scheint von der Skulptur angesogen zu werden, zu verweilen, dann loszubrechen. Das Licht ist hellrot, das Rot der Dämmerung, von mit Tränen verwässertem Blut, von Zorn, von Tinte auf der Soll-Seite des Kontos.

Dieses entstammt seiner Hundeserie: *Dogmas einer Dogge, Hundekampf, Hundstage, Der Himmelhund, Der verkehrte Hund, Der Hund der Flinder, Hundsbeeren, Der Hundefänger, Liegende Dogge, Der Hund im rechten Winkel* und *Improvisationen über einen Hund.*

Sokrates, Ben Jonson, Cellini, Swedenborg, Li Po und Hiawatha zechen in der Taverne ‚Zur Meerjungfrau'. Vor dem Fenster kann man Dädalus auf dem Gipfel der Schlacht um Knossos sehen, wie er seinem Sohn Ikarus eine Rakete den Arsch raufschiebt, um ihn zu einem düsengetriebenen Start beim Jungfernflug zu verhelfen. In einer Ecke kauert sich Og, der Sohn des Feuers, zusammen. Er nagt an einem Säbelzahntigerknochen und malt Bisons und Mammuts an die schimmligen Wände. Die Bardame Athena beugt sich über den Tisch, wo sie ihren würdigen Kunden Nektar und Brezeln serviert. Aristoteles, der Ziegenhörner trägt, steht hinter ihr. Er hat ihren Rock hochgehoben und pimpert sie von hinten. Asche von der in seinem Mundwinkel hängenden Zigarette ist auf ihr Kleid gefallen, das zu rauchen beginnt. Unter der Tür zur Herrentoilette gibt sich ein betrunkener Batman einem lange unterdrückten Wunsch hin und versucht, den Wunderboy in den Arsch zu ficken. Durch ein anderes Fenster kann man einen See erkennen, über den ein Mann schreitet, um dessen Kopf ein grünlicher Heiligenschein flimmert. Hinter ihm ragt ein Periskop aus dem Wasser.

Prehensil, die Penisschlange, windet sich um den Pinsel und beginnt zu malen. Der Pinsel ist ein kleiner Zylinder, an dem ein Schlauch angebracht ist, der zu einer kuppelförmigen Maschine führt. Am anderen Ende des Zylinders befindet sich ein Ventil. Die Öffnung dessen kann durch Drehen einer Daumen-Skala am Zylinder geöffnet oder geschlossen werden. Die Farbe, die das Ventil als dünne Spraywolke oder dicken Strahl in jeder gewünschten Farbe abgibt, kann durch mehrere Knöpfe am Zylinder eingestellt werden.

Heftig und rüsselartig bildet er Schicht um Schicht eine neue Figur. Dann riecht er schnuppernd ein stickiges Aroma des Müssens und läßt den Pinsel fallen und schlüpft zur Tür hinaus, den ovalen Wölbungen des Flurs nach, wobei er das Kriechen beinloser Geschöpfe beschreibt, eine Schrift im Sand, die alle lesen, aber nur die wenigsten verstehen können. Blut walltwallt im Rhythmus der Mühlsteine von Un und Unter, um das heißblütige Reptil anzuschwellen und zu nähren. Doch die Wände entdecken die eindringende Masse und das herausdrängende Verlangen und glühen.

Er stöhnt, worauf die Kobra Erekta sich steil erhebt und zu den Flötentönen seines Wunsches nach Erficklung tanzt. Es werde kein Licht. Im Schmutz der Nacht muß er verweilen, sie sei sein Mantel. Rasch an Mutters Zimmer vorbei, dem Ausgang am nächsten. Ah! Seufzt leise voller Erleichterung, doch Luft pfeift durch den vertikalen und zusammengepreßten Mund und gibt das Entweichen des Verlangens nach Ermösung bekannt.

Die Tür ist archaisch geworden. Sie hat ein Schlüsselloch. Rasch! Die Rampe hoch, durch das Schlüsselloch aus dem Haus und hinaus auf die Straße. Eine Person geht weg auf dem Gehweg, eine junge Frau mit phosphoreszierendem Silberhaar, eine Gelegenheit, die es am Schopf zu packen gilt.

Raus und die Straße hinab und um ihren Knöchel geschlungen. Sie schaut mit Überraschung herunter, dann mit Furcht. Das gefällt ihm. Zu willig sind zu viele. Er hat einen Diamanten im Basalt gefunden.

Um ihr kätzchenohrweiches Bein herum und hoch bis zur Gabelung der Lenden. Liebkosen der winzigen Korkenzieherlöckchen, und dann, sich selbst kasteiend, weiter über die Wölbung des Bauches, im Vorübergehen ein Hallo zum Nabel, leichter Druck darauf, dann um die schlanke Taille und weiter hoch, ein scheuer Kuß auf jeden Nippel. Dann wieder hinunter und fertigmachen zum Besteigen des Schamhügels, auf dem eine Flagge aufgepflanzt werden soll.

Oh, ergötzliches Tabu und lüsternes Hochheiligstes! Dort drinnen ist ein Baby, Ektoplasma beginnt sich in eifriger Vorerwartung der Aktualität zu formen. Tropfen, Ei, und dann machen sich dunkeltunnelige und feuchte Fleischfalten daran, den glücklichen kleinen Moby Fick zu verschlingen. Millionen Brüder begeben sich auf die Reise, nur einer kommt ans Ziel, Überleben des kräftficksten.

Ausgedehntes Krächzen erfüllt die Halle. Der heiße Atem läßt die Haut gefrieren. Er schwitzt. Eiszapfen überziehen den lüsternen Rumpf, der unter dem Gewicht des Eises zusammensackt, dann kräuselt sich der Nebel darum, kriecht die Streben entlang, und die Querruder und Höhensteuer sitzen im Eis fest. Er verliert rasch an Geschwindigkeit. Höher, höher! Der Venusberg ist irgendwo dort vorn im Nebel. Tannhäuser, stoß in deine Poposaune und laß Blitze zucken, ich bin im Sturzflug.

Mutters Tür ist aufgegangen. Eine Kröte macht sich in der ovalen Türöffnung breit. Ihr tauiger Schoß hebt und senkt sich blasebalgartig. Der zahnlose Mund klafft. Ginungagap. Gespaltene Zunge schießt hervor und windet sich um die Boa conficktor. Er schreit mit beiden Mündern auf und windet sich hierhin und dorthin. Wogen der Ablehnung durchlaufen ihn. Zwei pelzige Pfoten greifen herab und binden die schlappe Form zu einem Knoten.

Die Frau schlendert weiter. Warte auf mich! Die Flut brandet heran, tost gegen den Knoten, weicht wieder zurück, Ebbe nach Sturm und drängender Flut. Zu viele und nur ein gangbarer Weg. Er drehsprintet, das Firmament des Wassers fällt herab, weder Noahs Arche noch Asche. Er novat, ein Regen von Millionen von glühenden, funkelnden Meteoren, Blitze in der Pfanne der Existenz.

Dein Königseich komme, dein Nille geschehe. Lenden und Unterleib in muffigem Panzer gefangen und er kalt, naß und zitternd.

GOTTES PATENT AUF AUSDÜNSTUNGEN DER DÄMMERUNG

. . . das Folgende wird gesprochen von Alfred Melophon Voxpopper von der Aurora Aufputsch- und Kaffeestunde, Kanal 69 B. Gedichte aufgenommen während der fünfzigsten ‚Jährlichen Ausstellung von Volkskunst im Wettstreit', Beverly Hills, Ebene 14. Gesprochen von Omar Bacchylides Runic ohne Verwendung eines Manuskripts oder vorheriger Probe, wenn man von einigen Aussprachen absieht, die am

Vorabend in einer der Öffentlichkeit nicht zugänglichen Taverne stattfanden, die ‚Das Private Universum' genannt wird – und davon kann man absehen, denn Runic konnte sich überhaupt nicht mehr an diesen Abend erinnern. Ungeachtet der Tatsache, daß er den ‚Ersten Laurel Wreath Preis' gewann, gab es weder einen ‚Zweiten' noch einen ‚Dritten' usw. Die Preise wurden mit A bis Z gekennzeichnet, Gott segne unsere Demokratie.

Ein grau-rosa Lachs springt die Fälle der Nacht empor
In den stillen Teich eines neuen Tages

Dämmerung – das rote Röhren des heliakischen Bullen,
Der über den Horizont emporsteigt.

Das fototonische Blut der verblutenden Nacht,
Vergossen von der meuchelnden Sonne.

Und so weiter, fünfzig Strophen lang, die allesamt von Rufen, Händeklatschen, Buhs, Zischen und Kreischen begleitet wurden.

Chib ist halb wach. Er späht in die sich verjüngende Dunkelheit hinein, während der Traum in einen unterirdischen Tunnel davonröhrt. Durch kaum geöffnete Lider blinzelt er in die andere Realität: Bewußtsein.

„Laß meinen Piller los!" stöhnt er mit Moses, und da er dabei an lange Bärte und Hörner (unter Berufung auf Michelangelo) denkt, denkt er auch an seinen Ururgroßvater.

Der Wille, ein Stemmeisen, zwingt seine Lider, sich zu öffnen. Er sieht das Fido, das die gegenüberliegende Wand bespannt und sich halb über die Decke krümmt. Die Dämmerung, der Paladin der Sonne, wirft ihren grauen Handschuh herab.

Kanal 69 B, IHR LIEBLINGSKANAL, nur in LA, bringt Ihnen die Dämmerung. (Täuschung mit Tiefenwirkung. Die falsche Dämmerung der Natur, beschattet mit Elektronen, die von Maschinen geformt sind, die von Menschen geformt sind.)

Erwache mit Sonne im Herzen und einem Lied auf den Lippen! Trällert zu den packenden Versen von Omar Runic! Seht die Dämmerung als Vögel in den Bäumen, als Gott, aber seht sie!

Voxpopper singt die Verse leise, während Griegs *Anitra* gemächlich plätschert. Der alte Norweger hätte nie von einem derartigen Publikum geträumt. Ein junger Mann, Chibiabos Elgreco Winnegan, hat einen feuchten Pimmel, Grund dafür ist ein letzter Ölschwall auf den Ölfeldern des Unterbewußtseins.

„Beweg den Arsch, auf die Beine", sagt Chib. „Heute läuft Pegasus."

Er denkt, spricht und lebt in der Gegenwart.

Chib steigt aus dem Bett und schiebt es in die Wand. Das Bett einfach im Raum stehen lassen, würde die Ästhetik des Zimmers zerschmettern und die Krümmung stören, die eine Reflexion des Basisuniversums ist. Zudem würde es ihn bei der Arbeit hindern.

Das Zimmer ist ein großes Oval, in der Ecke befindet sich ein kleineres Oval, Toilette und Dusche. Er kommt daraus hervor wie einer von Homers göttergleichen Achäern, stramme Schenkel, kräftige Arme, goldbraune Haut, blaue Augen, kastanienrotes Haar – wenngleich bartlos. Das Telefon imitiert das Quaken eines südamerikanischen Baumfrosches, das er einmal über Kanal 122 gehört hat.

„Sesam, öffne dich!"

INTER CAECOS REGNAT LUSCUS

Das Gesicht von Rex Luscus erfüllt das Fido, die Poren des Gesichts wie die Kraterlandschaft eines Schlachtfeldes aus dem Ersten Weltkrieg. Er trägt eine schwarze Augenklappe über dem linken Auge, das man ihm während eines Handgemenges zwischen Kritikern während der *Ich-liebe-Rembrandt-Fortbildungsserie* auf Kanal 109 ausgeschlagen hat. Er hat genügend Macht, um eine Transplantation zu beantragen, verzichtet aber darauf.

„Inter caecos regnat luscus", sagt er immer, wenn er danach gefragt wird, und wenn er nicht gefragt wird auch oft genug. „Übersetzung: Unter Blinden ist der Einäugige König. Darum habe ich mich in Rex Luscus umtaufen lassen. Das bedeutet König Einauge."

Es geht das Gerücht, von Luscus selbst mit verbreitet, daß er den Bioburschen erlauben wird, ein künstliches Proteinauge einzusetzen, wenn er das Bildnis eines Künstlers schauen kann, das großartig genug ist, um den Blick zweier Augen zu rechtfertigen. Es geht weiterhin das Gerücht, daß dies schon bald geschehen kann, und zwar wegen seiner Entdeckung von Chibiabos Elgreco Winnegan.

Luscus betrachtet hungrig (er flucht adverbial) Chibs Lustpfropf und die darum liegenden Regionen. Chib schwillt an, aber nicht mit den Schwellkörpern, sondern vor Zorn.

„Süßer", sagt Luscus flötend, „ich wollte mich nur vergewissern, ob du schon aufgestanden bist und dich an die immens wichtige Arbeit des Tages gemacht hast. Du mußt bis zur Ausstellung fertig sein, du mußt! Aber nun, da ich dich sehe, fällt mir ein, daß ich noch nichts gegessen habe. Wie wär's mit einem Frühstück mit mir?"

„Was essen wir denn?" sagt Chib. Er wartet aber nicht auf die Antwort. „Nein, ich habe heute zuviel zu tun. Sesam, schließe dich!"

Das ziegenähnliche Gesicht von Rex Luscus oder, wie er es lieber nennt, das Gesicht Pans, eines Fauns der Künste, verblaßt auf dem Schirm. Er hat sogar die Ohren manikürt. Echt abgefahren.

„Bää-ää-ää!" plärrt Chib dem Phantom hinterher. „Bä! Papperlapapp! Ich werde dir niemals in den Arsch kriechen, Luscus, und du in meinen schon gar nicht. Auch wenn ich einen Mäzen verliere!"

Das Telefon klingelt wieder. Das dunkle Gesicht von Rousseau Roter Falke erscheint. Seine Nase gleicht dem Schnabel des Adlers, seine Augen sind schwarze Glasscherben. Ein roter Stoffstreifen ist um seine breite Stirn geschlungen, der das schwarze Haar zurückhält, welches ihm auf die Schultern fällt. Sein Hemd ist aus Wildleder, ein Perlendiadem hängt von seinem Nacken herab. Er sieht wie ein edler Indianer aus, obwohl Sitting Bull, Crazy Horse und sogar der edelste von allen, Roman Nose, ihn wahrscheinlich mit Fußtritten aus dem Stamm gejagt hätten. Nicht, daß sie antisemitisch gewesen wären, sie hätten einfach keinen Tapferen respektieren können, der Angstzustände bekam, wenn er sich einem Pferd nähern mußte.

Er wurde als Julius Appelbaum geboren und an seinem Namenstag rechtens zu Rousseau Roter Falke. Gerade gemaßregelt aus den Wäldern zurückgekehrt, suhlt er sich nun wieder in den fleischlichen Genüssen einer dekadenten Zivilisation.

„Wie geht's dir denn, Chib? Die Bande fragt sich gerade, wann du wohl hier sein wirst?"

„Bei euch? Ich habe noch nicht gefrühstückt, und zudem habe ich tausenderlei Dinge zu erledigen, bis die Ausstellung beginnt. Ich werde gegen Nachmittag dort sein."

„Den größten Spaß gestern nacht hast du versäumt. 'n paar gottverdammte Ägypter haben versucht, die Mädels anzumachen, aber wir haben sie an die Wand geselamt."

Rousseau verschwand wie der letzte der roten Männer.

Chib denkt gerade an Frühstück, da meldet sich der Interkom. Sesam, öffne dich! Er sieht das Wohnzimmer. Rauch, zu dicht und wirbelnd, als daß die Klimaanlage ihn noch absaugen könnte, kräuselt sich dort. Am anderen Ende des Ovals schlafen sein Halbbruder und seine Halbschwester auf dem Bett. Während sie Mama-und-Freund spielten, sind sie eingeschlafen, ihre Münder in süßer Unschuld offen, wunderschön, wie nur schlafende Kinder sein können. Gegenüber ihren geschlossenen Lidern befindet sich ein starres Auge, das an einen mongolischen Zyklopen erinnert.

„Sind sie nicht süß?“ fragt Mama. „Die Kindchen waren einfach zu müde, um abzuzockeln.“

Der Tisch ist rund. Die betagten Ritter und Burgfrauen haben sich zur letzten Runde um As, König, Dame und Bube darum versammelt. Ihre Rüstungen bestehen lediglich Wulst für Wulst aus Fett. Mamas Unterkiefer hängen wie Fahnen an einem windstillen Tag herunter. Ihre Brüste zittern und ruckeln auf dem Tisch.

„Eine Horde von Spielern“, sagt er laut und betrachtet die fetten Gesichter, die riesigen Titten, die aufgedunsenen Wänste. Sie ziehen die Brauen in die Höhe. Wovon, zum Teufel, redet das wahnsinnige Genie nun schon wieder?

„Ist dein Kind wirklich retardiert?“ erkundigt sich einer von Mamas Freunden, worauf sie lachen und noch mehr Bier trinken. Angela Ninon, die sich mal wieder keinen Auftritt entgehen lassen will und sich denkt, daß Mama sowieso bald die Wasserspeier einschalten wird, pißt an ihren Beinen hinab. Daraufhin lachen sie alle, und William der Eroberer sagt: „Ich öffne.“

„Ich bin immer offen“, sagt Mama, worauf sie alle vergnügt kreischen.

Chib ist zum Weinen zumute, aber er weint nicht, obwohl er von Kindesbeinen an ermutigt wurde, immer zu weinen, wenn ihm danach ist.

> . . . . man fühlt sich hinterher besser. Schaut nur die Wikinger an, was das für Kerle waren, und sie alle weinten wie die kleinen Kinder, wenn sie wollten . . .
>
> Mit Genehmigung von Kanal 202, aus dem beliebten Programm *Wie verhält sich eine Mutter?*

Er weint aber nicht, weil er sich wie ein Mann fühlt, der an seine geliebte Mutter denkt, die tot ist, aber schon lange Zeit tot. Seine

Mutter ist schon lange unter einem Erdrutsch von Fleisch begraben. Mit sechzehn hatte er eine liebliche Mutter gehabt.

Dann schaltete sie ihn ab.

NUR EINE BLASENDE FAMILIE IST EINE WACHSENDE FAMILIE

aus einem Gedicht von Edgar A. Grist, über Kanal 88.

„Mein Sohn, ich verstehe nicht viel davon. Ich tue es nur, weil ich dich liebe."

Und dann fett, fett, fett. Wohin ist sie verschwunden? Den Fettgewebetunnel hinab. Verschwand, während sie größer wurde.

„Sonny, du könntest wenigstens hin und wieder mit mir ringen."

„Du hast mich abgeschaltet, Mama. Das war schon recht. Ich bin jetzt ein großer Junge. Aber du hast kein Recht, von mir zu erwarten, daß ich es wieder aufnehmen möchte."

„Du liebst mich nicht mehr!"

„Was gibt's zum Frühstück, Mama?" fragt Chib.

„Ich habe ein gutes Blatt auf der Hand, Chibby", sagt Mama. „Wie du mir schon so oft gesagt hast, du bist jetzt ein großer Junge. Mach dir ausnahmsweise einmal das Frühstück selbst."

„Weshalb hast du mich gerufen?"

„Ich habe vergessen, wann deine Ausstellung beginnt. Ich wollte noch etwas ausschlafen, ehe ich hingehe."

„Vierzehn Uhr dreißig, Mama, aber du mußt nicht hin."

Rotgefärbte grüne Lippen öffnen sich wie eine eiternde Wunde. Sie kratzt sich an einem getönten Nippel. „Oh, ich möchte aber hin! Ich möchte mir den künstlerischen Triumph meines Sohnes nicht entgehen lassen. Glaubst du, du wirst die Unterstützung bekommen?"

„Wenn nicht, dann heißt das Ägypten für uns", sagt er.

„Diese stinkenden Araber", sagt William der Eroberer.

„Das Bureau ist verantwortlich, nicht die Araber", sagt Chib. „Die Araber sind aus denselben Gründen umgezogen, aus denen wir vielleicht umziehen müssen."

Aus Großpapas unveröffentlichtem MS: Wer hätte sich träumen lassen, daß Beverly Hills antisemitisch werden würde?

„Ich will aber nicht nach Ägypten!" winselt Mama. „Du mußt die Unterstützung einfach bekommen, Chibby. Ich will das Gelege hier nicht verlassen. Hier wurde ich geboren und erzogen, allerdings auf der zehnten Ebene. Und als ich dann umgezogen bin, da sind alle meine Freunde mitgekommen. Ich will nicht weg!"

„Weine nicht, Mama", sagt Chib, der unwillkürlich Abscheu empfindet. „Weine nicht. Die Regierung kann dich nicht zum Gehen zwingen. Du hast deine Rechte."

„Wenn du auch weiterhin Nachschub haben willst, dann wirst du gehen", sagt der Eroberer. „Das heißt, wenn Chib die Unterstützung nicht bekommt. Und ich würde ihm keinen Vorwurf machen, wenn er sich gar nicht erst darum bemüht. Ist nicht seine Schuld, daß du zu Onkel Sam nicht nein sagen kannst. Du hast dein Purpur und noch das, was Chib vom Verkauf seiner Bilder bekommt. Und doch reicht das nicht. Du gibst es schneller aus, als du es bekommst."

Mama schreit William wütend an, dann sind sie weg. Chib schaltet das Fido ab. Zum Teufel mit dem Frühstück, er wird später essen. Das letzte Bild für die Ausstellung mußte bis zum Nachmittag fertig sein. Er drückt einen Knopf, worauf sich der etwa eiförmige Raum hier und dort öffnet und die Zeichenausstattung wie ein Geschenk elektronischer Götter herauskommt. Zeuxis würde ausflippen, und Van Gogh würde den Tatterich bekommen, wenn sie sehen könnten, mit was für Pinseln und welcher Leinwand Chib arbeitet.

Der Prozeß des Malens erfordert auch das einzelne Biegen und Drehen von Tausenden von Drähten in andere Formen von unterschiedlicher Höhe. Die Drähte sind so dünn, daß man sie nur mit einem Vergrößerungsglas einsehen und mit außerordentlich feinen Pinzetten formen kann. Daher trägt er die komische Brille und hält im ersten Stadium der Arbeit ständig ein fast spinnwebfeines Instrument in Händen. Nach Hunderten von Stunden langsamer und geduldiger (liebevoller) Arbeit sind die Drähte dann geformt.

Chib nimmt die Brille ab und begutachtet die allgemeine Erscheinung. Danach benutzt er den Farbsprayer, um den Drähten die gewünschten Farben und Tönungen zu geben. Die Farbe trocknet binnen weniger Minuten und wird hart. Dann verbindet Chib die Fläche des Bildes mit einem elektrischen Stromkreis und drückt einen Knopf, woraufhin ein winziger Stromstoß durch die Drähte fließt. Diese glühen unter der Farbe und, lilliputartige Schmelzprozesse, lösen sich in blauen Dunst auf.

Übrig bleibt ein dreidimensionales Werk, das aus harten Farbschichten besteht, die sich in mehreren Ebenen über der ursprünglichen Schicht erheben. Diese Hüllen sind unterschiedlich dick, aber alle sind dabei so dünn, daß Licht von der obersten zur innersten Schicht durchdringen kann, wenn man das Bild entsprechend dreht. Einzelne Hüllen sind dabei einfach Reflektoren, die das Licht verstärken, damit innere Strukturen deutlicher sichtbar werden.

Bei der Ausstellung wird das Bild auf einem beweglichen Podest angebracht, das das Bild vom Zentrum aus zwölf Grad nach links, dann zwölf Grad nach rechts dreht.

Das Fido quakt. Chib denkt fluchend daran, es ganz abszuschalten. Aber wenigstens ist es nicht der Interkom mit seiner hysterischen Mutter am anderen Ende. Noch nicht. Die wird noch früh genug anrufen, wenn sie genügend beim Pokern verloren hat.

Sesam, öffne dich!

SINGT, IHR MÖWEN VON ONKEL SAM

Großpapa schreibt in seinen Privaten Ergüssen: Fünfundzwanzig Jahre nachdem ich mit zwanzig Milliarden Dollar geflohen und dann angeblich an einem Herzanfall verstorben bin, ist mir Falco Accipiter wieder auf der Spur. Das ist der IRB-Detektiv, der sich bei Eintritt in seinen Beruf Falcon Falke nannte. Welch ein Egoist! Und doch ist er gnadenlos und gerissen wie ein Raubvogel, und wäre ich nicht zu alt, um vor einem Menschenwesen Furcht zu empfinden, so würde ich zittern. Wer aber löste ihm Fußfessel und Haube? Wie konnte er den alten und längst kalten Geruch erneut wittern?

Accipiters Gesicht erinnert an das eines überargwöhnischen Wanderfalken, der sich bemüht, im Fluge alles zu überblicken, und der sogar den eigenen Anus hochschaut, um sich zu vergewissern, daß dort keine Ente Zuflucht gesucht hat. Die Augen verschießen wie aus weiten Ärmeln hervorgeschleuderte Messer ihre Blicke. Sie erfassen alles mit sherlockscher Genauigkeit und nehmen jede Einzelheit auf. Er dreht den Kopf hin und her, die Ohren zucken, die Nasenflügel heben und senken sich, ganz Radar und Sonar und Odoar.

„Mr. Winnegan, tut mir leid, Sie zu so früher Stunde zu stören. Habe ich Sie aus dem Bett geholt?“

„Das haben Sie ganz offensichtlich nicht!“ sagt Chib. „Und machen Sie sich gar nicht erst die Mühe, sich vorzustellen. Ich kenne Sie. Sie beschatten mich schon seit drei Tagen.“

Accipiter errötet nicht. Als Meister der Selbstbeherrschung findet alles Erröten bei ihm tief in den Gedärmen statt, wo es niemand sehen kann. „Wenn Sie mich kennen, dann können Sie mir vielleicht auch sagen, weshalb ich anrufe?“

„Wäre ich blöd genug, Ihnen das zu sagen?“

„Mr. Winnegan, ich hätte mich gerne über Ihren Ururgroßvater mit Ihnen unterhalten.“

„Der ist schon seit fünfundzwanzig Jahren tot!“ schreit Chib. „Vergessen Sie ihn! Und belästigen Sie mich nicht mehr. Versuchen Sie gar nicht erst, einen Hausdurchsuchungsbefehl zu bekommen. Kein Richter würde Ihnen einen ausstellen. Mein Heim ist mein Schoß . . . ich meine Schloß.“

Er denkt an Mama und wie sich der weitere Tag gestalten wird, wenn er nicht bald hier herauskommt. Aber er muß auch das Bild beenden.

„Verschwinden Sie, Accipiter“, sagt Chib. „Ich glaube, ich werde Sie dem BPHR melden. Ich bin sicher, Sie haben ein Fido in Ihrem ulkig aussehenden Hut.“

Accipiters Gesicht ist so glatt und bewegungslos wie das einer Alabasterstatue des Falkengottes Horus. Vielleicht bläht ein wenig Gas seine Gedärme. Er läßt es jedenfalls unbemerkt entweichen.

„Nun gut, Mr. Winnegan. Aber so einfach werden Sie mich nicht los. Schließlich . . .“

„Hinfort!“

Der Interkom pfeift dreimal. Und dreimal bedeutet Großpapa. „Ich habe mitgehört“, sagt die hundertzwanzig Jahre alte Stimme, hohl und tief wie das Echo aus einer Pharaonengruft. „Ich möchte dich gerne sehen, ehe du gehst. Das heißt, wenn du einige Augenblicke für die Altvorderen erübrigen kannst.“

„Immer, Großpapa“, verspricht Chib und denkt daran, wie sehr er den alten Mann liebt. „Brauchst du was zu essen?“

„Ja – und auch etwas geistige Nahrung.“

Der Tag. Dies Irae. Götterdämmerung. Armageddon. Die Ereignisse spitzen sich zu. Stich-oder-brich-Tag. Laß-oder-faß-Zeit. All die Anrufe und eine Vorahnung auf weitere. Was wird das Ende des Tages bringen?

Omar Runic
DIE TROCHÄISCHE SONNE GLEITET IN DIE ENTZÜNDETE KEHLE DER NACHT

Chib geht auf die konvexe Tür zu, die in den Zwischenraum zwischen den Wänden rollt. Der Fokus des Hauses ist das ovale Wohnzimmer. Im, gemäß dem Uhrzeigersinn, ersten Quadranten befindet sich die Küche, von sechs Meter hohen Ziehharmonikawänden vom Wohnzimmer abgeteilt, die von Chib mit Bildern ägyptischer Grabkammern bemalt wurden, sein etwas zu subtiler Kommentar zu den modernen Lebensmitteln. Sieben schlanke Säulen im Wohnzimmer markieren die Grenzen von Zimmer und Flur. Zwischen diesen Säulen befinden sich weitere Ziehharmonikawände, die Chib während seiner indianisch-mythologischen Phase bemalt hat.

Der Flur ist ebenfalls oval geformt, jedes andere Zimmer im Haus öffnet sich zu ihm.

Kleine Eier in größeren Eiern in ganz großen Eiern in einem Megamonolithen auf einer planetaren Frucht in einem ovalen Universum – die jüngste Kosmogonie deutet darauf hin, daß die Unendlichkeit die Form der Leibesfrucht eines Huhnes hat. Gott brütet darüber und gackert alle paar Trillionen Jahre einmal.

Chib durchquert den Flur und geht zwischen zwei Säulen hindurch, die von ihm zu nymphischen Karyatiden modelliert wurden, worauf er das Wohnzimmer betritt. Seine Mutter schaut beiseite und betrachtet ihren Sohn, der ihrer Meinung nach rasch in den Wahnsinn strebt, wenn er die Grenze nicht bereits überschritten hat. Das ist teilweise ihre Schuld. Sie hätte nicht angeekelt sein und Es in einem Augenblick der Schwäche abblasen sollen. Nun ist sie fett und häßlich, o Gott, so fett und häßlich. Sie hat keinerlei berechtigte Hoffnung auf einen Neubeginn mehr.

Das ist nur natürlich, sagt sie sich immer wieder, seufzend, reuig und tränenschwer, daß er die Liebe seiner Mutter aufgegeben hat für seltsame, knackige und vollbusige Freuden jüngerer Frauen. Aber daß er die auch aufgegeben hat? Er ist nicht schwul. Das hat er mit dreizehn hinter sich gebracht. Welches sind dann aber die Gründe für seine Abstinenz? Nicht einmal die Huren besucht er, was sie verstanden, wenn auch nicht gebilligt hätte.

O Gott, was habe ich nur falsch gemacht? Überhaupt, mit mir ist doch alles in Ordnung. Er wird verrückt, wie sein Vater – ich glaube, dessen Name lautete Raleigh Renaissance – und seine Tante und sein Ururgroßvater. Das liegt nur am Malen und an den jungen Radikalen, den Jungen Rettichen, mit denen er immer herumzieht. Er ist zu künstlerisch, zu sensibel. O Gott, wenn meinem kleinen Jungen etwas zustößt, dann muß ich nach Ägypten.

Chib kennt ihre Gedanken, die sie so oft ausgesprochen hat, da sie außerstande ist, neue zu haben. Er geht wortlos an der Tafelrunde vorbei. Die Ritter und Ladys dieses getürkten Camelot sehen ihn durch Bierdunst an.

In der Küche öffnet er eine ovale Tür in der Wand. Er entfernt ein Tablett mit Essen in zugedeckten Schüsseln und Tassen, die ausnahmslos aus Plastik bestehen.

„Möchtest du denn nicht mit uns essen?"

„Heul nicht, Mama", sagt er und geht in sein Zimmer zurück, um noch einige Zigarren für Großpapa zu holen. Die Tür, die die veränderlichen, aber immer kenntlichen elektrischen Felder der Epidermis wahrnimmt, verstärkt und umwandelt, reagiert auf ihn. Chib ist zu aufgeregt. Magnetische Mahlströme rasen über seine Haut und zerstören die spektrale Konfiguration. Die Tür rollt halb zurück, rollt wieder vor, ändert ihre Meinung, rollt zurück und wieder vor.

Chib kickt gegen die Tür, worauf sie vollends blockiert. Er beschließt, ein Video- oder Audiosesam einbauen zu lassen. Der Ärger ist nur, daß er knapp an Einheiten ist und die entsprechenden Materialien nicht kaufen kann. Schulterzuckend begibt er sich in dem einwandigen Flur bis zu Großpapas Tür, die hinter den Ziehharmonikawänden vor den Blicken derer im Wohnzimmer verborgen ist.

„Denn er sang von Frieden und Freiheit,
Sang von Schönheit, Liebe und Verlangen;
Sang von Tod und unsterblichem Leben
Auf den Inseln der Gesegneten,
Im Königreich von Ponemah,
Im Lande des Jenseits.
Sehr nahe bei Hiawatha
War der sanfte Chibiabos."

Chib singt das Kodewort. Die Tür rollt zurück.

Licht strahlt heraus, ein gelbliches, rötlich angehauchtes Licht, das Großpapas eigene Erfindung ist. Schaut man ins konvexe Oval der Tür, so ist das, als würde man in die Iris im Auge eines wahnsinnigen Riesen schauen.

Großpapa, in der Mitte des Raumes, hat einen weißen Bart bis zu den Oberschenkeln und Kopfhaar bis fast an die Kniekehlen. Obwohl Haar und Bart seine Nacktheit verbergen würden und er überdies nicht mehr unter die Leute geht, trägt Großpapa eine kurze Hose. Großpapa ist ein wenig altmodisch, was aber bei einem Mann von einhundertundzwanzig Lenzen auch verständlich ist.

Er ist einäugig, wie Rex Luscus. Aber er lächelt mit eigenen Zähnen, die aus vor dreißig Jahren eingepflanzten Stummeln gewachsen sind. Eine große, grüne Zigarre sticht aus einem Mundwinkel hervor. Seine Nase ist breit und platt, als wäre die Zeit schweren Fußes über sie hinweggeschritten. Stirn und Wangen sind ebenfalls breit, was wahrscheinlich auf einen Schuß Ojibwayblut zurückzuführen ist, der in seinen Adern fließt, obwohl er ein geborener Finnegan ist und sogar keltisch riecht, sieht man vom Whiskeyaroma ab. Er hält den Kopf aufrecht, und die blauen Augen sind wie Tümpel am Fuß einer urzeitlichen Schlucht, die Überbleibsel eines geschmolzenen Gletschers.

Alles in allem ist Großpapas Gesicht das Odins, der gerade vom Brunnen von Mimir zurückkommt und sich fragt, ob er einen zu hohen Preis gezahlt hat. Oder ist es das Gesicht der windumtosten und sandgeschmirgelten Sphinx von Gizeh?

„Vierzig Jahrhunderte der Hysterie sehen auf euch herab, um Napoleon zu verballhornen“, sagt Großpapa. „Der Felskopf der Jahrhunderte. *Was also ist der Mensch?* sagte die neue Sphinx, nachdem Ödipus die Frage der alten Sphinx beantworten konnte und nichts gewann, weil Sie bereits eine andere ihrer Art hervorgebracht hatte, ein klugscheißerisches Kind mit einer Frage, die bislang noch keiner zu beantworten wußte. Und vielleicht läßt sie sich auch gar nicht beantworten.“

„Du redest immer so komisch“, sagt Chib. „Aber das gefällt mir so.“

Er grinst Großpapa an und hat ihn gern.

„Du kommst schließlich jeden Tag hierher, nicht so sehr wegen meiner Liebe, sondern um Wissen und Einsicht zu gewinnen. Ich habe alles gesehen, alles gehört und viel nachgedacht. Ich bin viel gereist, ehe ich vor einem Vierteljahrhundert in diesem Raume Zuflucht suchte. Doch die Einzelhaft hier war die größte Odyssee von allen.

DER ALTE MARINATOR

So nenne ich mich selbst. Eine Marinade der Weisheit, eingelegt in die Lake eines versalzenen Zynismus und eines zu langen Lebens."

„Du lächelst so. Du scheinst gerade eine Frau gehabt zu haben", sagte Chib.

„Nein, mein Junge, die Spannungen in meinem Rammbock habe ich schon vor dreißig Jahren verloren. Und ich danke Gott dafür, denn es entbindet mich dem Zwang, zum Fickomat zu gehen, ganz zu schweigen von der Masturbation. Ich habe allerdings noch andere verbleibende Energien und Möglichkeiten zur Sünde, und die sind ernst genug.

Aber abgesehen von der Sünde der sexuellen Vereinnahmung, die paradoxerweise eine sexuelle Verausgabung erfordert, hatte ich auch noch andere Gründe, den Alten Schwarzen Magier Wissenschaft nicht um Schüsse zu bitten, die mich wieder aufrappeln. Ich war zu alt für junge Mädchen, die nur noch an mein Geld wollten. Und ich war zu sehr Poet und Liebhaber der Schönheit, als daß ich mit den runzligen Schrullen meiner Generation vorliebgenommen hätte.

Du siehst also, mein Sohn, mein Klöppel schwingt schlaff in der Glocke meines Geschlechts. Ding, dong, ding, dong. Viel Dong, aber nicht viel Ding."

Großpapa lacht tief, ein Löwenbrüllen mit der zierlichen Sanftheit eines Schwans.

„Jedoch bin ich das Sprachrohr der Altvorderen, ein Winkeladvokat, der lange toten Klienten nachjammert. Gekommen, nicht zu begraben, sondern zu beten, und von meinem Gerechtigkeitssinn gezwungen, auch die Fehler der Vergangenheit einzugestehen. Ich bin ein verschrobener und wunderlicher alter Kauz, gleich Merlin in seinem Baumstumpf. Samolxis, der thrakische Bärengott, der in seiner Höhle überwintert. Der letzte der Sieben Schläfer."

Großpapa geht zu der schlanken Plastikröhre, die von der Decke herabragt, und blickt ins Okular.

„Accipiter lungert vor unserem Haus herum. Er riecht was Verrottetes in Beverly Hills, Ebene 14. Könnte es sein, daß Win-again

Winnegan gar nicht tot ist? Onkel Sam ist wie ein Diplodokus, dem man in den Arsch getreten hat. Es dauert fünfundzwanzig Jahre, bis die Botschaft sein Gehirn erreicht."

Chib treten Tränen in die Augen. Er sagt: „O Gott, Großpapa, ich möchte nicht, daß dir etwas zustößt."

„Was kann einem hundertzwanzig Jahre alten Mann schon passieren, abgesehen vom Versagen der Hirn- oder Nierenfunktion?"

„Mit allem gebührlichen Respekt, Großpapa", sagt Chib, „aber du schleppst dich ganz munter voran."

„Nenne mich Mühle des Ich", sagt Großpapa. „Das Mehl, das sie mahlt, wird im seltsamen Ofen meines Ego gebacken – oder halb gebacken, wenn dir das lieber ist."

Chib grinst durch seine Tränen und sagt: „Man hat mir in der Schule beigebracht, daß Wortspiele billig und vulgär sind."

„Was für Homer, Aristophanes, Rabelais und Shakespeare gut genug war, das ist auch gut genug für mich. Und da wir gerade von billig und vulgär sprechen – letzte Nacht, bevor die Pokerpartie begann, habe ich deine Mutter im Flur getroffen. Ich hatte die Küche gerade mit einer Flasche Fusel verlassen. Sie kreischte fast. Aber sie erholte sich rasch wieder und gab vor, mich nicht zu sehen. Vielleicht glaubte sie, sie hätte einen Geist gesehen. Bezweifle ich aber. Vielleicht hat sie es schon überall in der Stadt rumgetratscht."

„Vielleicht hat sie es dem Doktor erzählt", sagt Chib. „Sie hat dich vor einigen Wochen schon einmal gesehen, erinnerst du dich noch? Sie könnte es erwähnt haben, während sie von ihren sogenannten Zaubersprüchen und Halluzinationen laberte."

„Und die alten Knochenbrecher, die die Familiengeschichte kennen, haben sofort das IRB verständigt. Vielleicht."

Chib schaut durch das Okular des Periskops. Er dreht es rundum und betätigt die Griffe, um das Einauge am anderen Ende höher und tiefer zu stellen. Accipiter stolziert um das Aggregat der sieben Eier herum, jedes am Ende eines dünnen, zweigähnlichen Wegs, der vom zentralen Pfad abweicht. Accipiter entscheidet sich für den Weg, der zu Mrs. Applebaums Tür führt. Die Tür geht auf.

„Er muß sie ja direkt von ihrem Fickomaten weggeholt haben", sagt Chib. „Und sie muß ganz schön einsam sein, da sie sich nicht über Fido mit ihm unterhält. Mein Gott, sie ist ja noch fetter als Mama!"

„Warum nicht?" antwortet Großpapa. „Mr. und Mrs. Jedermann sitzen schließlich den ganzen Tag lang auf den Ärschen, trinken und essen und sehen Fido, und dabei werden ihre Gehirne zu Matsch und ihre Körper zu Fett. Cäsar hätte heute keine Schwierigkeiten mehr, sich mit dicken Männern zu umgeben. Hast du aufgegessen, Brutus?"

Großpapas Kommentar sollte eigentlich nicht für Mrs. Applebaum gelten. Sie hat ein Loch im Kopf, und Menschen, die nach dem Fickomaten süchtig sind, werden selten fett. Sie liegen den ganzen Tag auf dem Bett und haben die Nadel im Lustzentrum des Gehirns, in das sie winzige elektrische Ströme abgibt. Unsagbare Ekstase durchflutet ihren Körper, ein Gefühl, das Essen, Trinken und Sex bei weitem übertrifft. Im Grunde genommen ist es illegal, aber die Regierung kümmert sich nur dann darum, wenn sie einen Süchtigen noch wegen etwas anderem kaschen möchte, da ein Süchtiger selten Kinder hat. Zwanzig Prozent der Bevölkerung von LA haben winzige Löcher mit Schäften im Kopf, um die Nadel einzuführen. Fünf Prozent sind süchtig, sie werfen ihr Leben weg, essen selten etwas, ihre verkümmerten Harnblasen schütten Gift in den Körper aus.

Chib sagt: „Mein Bruder und meine Schwester könnten dich manchmal gesehen haben, wenn du kurzzeitig draußen warst. Könnte es sein, daß sie . . .?"

„Sie halten mich auch für einen Geist. In diesem Zeitalter! Und doch ist es vielleicht ein gutes Zeichen, daß sie noch an etwas glauben können – und wenn es nur ein Spuk ist."

„Du gehst wohl besser nicht mehr in die Kirche."

„Die Kirche und du, das sind die beiden Dinge, die mich am Leben halten. Es war ein trauriger Tag für mich, als du mir sagtest, daß du nicht glauben kannst. Du hättest einen prächtigen Priester abgegeben – selbstverständlich mit gewissen Fehlern –, und ich hätte Privatmessen und Beichten hier im Zimmer haben können."

Chib sagt nichts. Er war nur zur Weihe und Kommunion gegangen, um Großpapa eine Freude zu machen. Die Kirche war eine eiförmige Muschel, die, hielt man sie ans Ohr, nur das ferne Dröhnen Gottes von sich gab, der wie die herantosende Flut klang.

GANZE UNIVERSEN FLEHEN NACH GÖTTERN

und trotzdem hängt er in dem hier herum und sucht Arbeit.

aus Großpapas Ms.

Großpapa nimmt das Okular und schaut hindurch. Er lacht. „Das Internal Revenue Bureau! Ich dachte, das wäre schon längst abgeschafft! Wer hat denn ein Einkommen, das groß genug ist, daß man es weitermelden müßte? Glaubst du, daß es einzig meinetwegen noch aktiv ist? Könnte das sein?“

Er ruft Chib wieder an das auf Beverly Hills gerichtete Skop zurück. Chibs Sehbereich liegt zwischen den siebeneierigen Klauen der verzweigten Fußwege. Er kann einen Teil der zentralen Plaza ausmachen, die gigantischen Ovale der Stadthalle, der Bundesämter und des Volkskunstzentrums, einen Teil der riesigen Spirale, auf der das Haus der Verehrung erbaut ist, und dann noch die Dora (von Pandora), wo die Bezieher der Purpurnen Sozialhilfe ihre Pakete und die mit geringen Nebeneinkünften ihre Päckchen abholen können. Ein Ende des großen künstlichen Sees ist zu sehen, Boote und Kanus treiben darauf, Menschen angeln.

Die erleuchtete Plastikkuppel, die die Gebäude von Beverly Hills umschließt, ist himmelblau. Die elektronische Sonne nähert sich dem Zenit. Einige echt aussehende weiße Wolkenbilder sind zu erkennen und sogar ein Gänse-V, das nach Süden zieht. Ihr Schnattern ist leise hier unten zu hören. Für diejenigen, die noch niemals außerhalb der Wand von LA waren, ist das gewiß recht hübsch. Aber Chib hat zwei Jahre beim Welt-Naturaufforstungs- und Konservierungskorps gedient – dem WNAKK –, und er kennt den Unterschied. Er hatte mit Rousseau Roter Falke beinahe den Entschluß gefaßt, zu desertieren und sich den Neoindianern anzuschließen. Doch dann wurde er zum Wildhüter. Dies hätte allerdings bedeuten können, daß er einmal gezwungen sein würde, den Roten Falken niederzuschießen. Und außerdem wünschte er sich mehr als alles auf der Welt, Maler zu sein.

„Dort ist Rex Luscus“, vermeldet Chib. „Er wird vor dem Volkskunstzentrum interviewt. Sind 'ne ganze Menge Leute versammelt.“

DER PELLUCIDAR-DURCHBRUCH

Luscus' Mittelname hätte Aufsteigertyp sein sollen. Er ist ein Mann von großer Gelehrsamkeit mit privilegiertem Zugang zur Computerbücherei von Groß-LA und darüber hinaus von einer Odysseus ebenbürtigen Verschlagenheit, wodurch er seinen Konkurrenten immer eine Nasenlänge voraus ist.

Er war es, der die Go-Go-Schule der Kritik begründete.

Primalux Ruskinson, sein großer Kontrahent, stellte ausgedehnte Nachforschungen an, als Luscus die Bezeichnung seiner Philosophie bekanntgab. Ruskinson verkündete triumphierend, Luscus habe den Ausdruck aus einem im zwanzigsten Jahrhundert gängigen umgangssprachlichen Ausdruck abgeleitet.

Luscus verkündete daraufhin am nächsten Tag während eines Fido-Interviews, daß Ruskinson ein eher oberflächlicher Scholar sei, wie man es auch nicht anders erwartet habe.

Go-Go war der Hottentottensprache entnommen. Auf Hottentottisch bedeutete *Go-Go* zu examinieren und das hieß nachzuschauen, bis man zu einem Ergebnis gelangt war – in diesem Fall über den Künstler und sein Werk.

Die Kritiker standen Schlange, um sich der neuen Schule anzuschließen. Ruskinson dachte zunächst an Selbstmord, statt dessen beschuldigte er Luscus aber dann, sich den Weg zum Erfolg erblasen zu haben.

Daraufhin erwiderte Luscus, daß sein Privatleben seine Sache sei und daß Ruskinson sich in Gefahr befände, wegen Verletzung seiner Intimsphäre verklagt zu werden. Allerdings verdiene er nicht mehr Aufmerksamkeit als die eines Mannes, der nach einer Mücke schlägt.

„Was, zum Teufel, sind Mücken?" fragten sich daraufhin Millionen von Zuschauern. „Wenn der Fettsack doch nur eine Sprache sprechen könnte, die wir alle verstehen."

Luscus' Stimme wird einige Augenblicke ausgeblendet, während der Sprecher erklärt, er habe gerade eine Erklärung via Monitor aus den Archiven der Bibliothek erhalten.

Luscus ritt zwei Jahre lang auf der Welle der neuen Go-Go-Schule.

Dann polierte er sein Prestige, das doch erheblich gelitten hatte, mit der ‚Philosophie des totipotenten Mannes' wieder neu auf.

Diese wurde so populär, daß das Büro für Kulturelle Neuschöpfung und Entwicklung sogar soweit ging, täglich eine einstündige Sendung zum Programm der Totipotentialisierung auszustrahlen.

Großpapa Winnegans Kommentar in seinen *Privaten Ergüssen:*

Was ist mit dem totipotenten Mann, jener Apotheose der Individualität und totalen psychosomatischen Entwicklung, dem demokratischen Übermensch, der von Rex Luscus, dem sexuell Einseitigen, propagiert wird? Armer alter Onkel Sam! Er versucht, den Proteus seiner Bürger in eine schablonenhafte Form zu pressen, damit er sie alle besser kontrollieren kann. Und gleichzeitig versucht er, alle und jeden dazu zu ermutigen, die eigenen schlafenden Fähigkeiten – falls vorhanden! – zum Leben zu erwecken. Der arme, alte, langbeinige, doppelkinnige, milchherzige, feuersteinhirnige Schizophrene! Offensichtlich weiß die linke Hand nicht, was die rechte tut. Schlimmer noch, die rechte Hand selbst weiß nicht, was die rechte tut.

„Was ist mit dem totipotenten Mann?" antwortete Luscus dem Vorsitzenden während der vierten Folge der *Luscanischen Lehrserie.* „In welchem Konflikt steht er mit dem gegenwärtigen Zeitgeist? In gar keinem. Der totipotente Mann ist der Imperativ unserer Zeit. Er muß erst ins Leben gerufen werden, ehe die Goldene Welt Wirklichkeit werden kann. Wie soll man ein Utopia ohne Utopier haben, eine goldene Welt mit Menschen aus Messing?"

An diesem bemerkenswerten Tag lenkte Luscus das Gespräch auf den Pellucidar-Durchbruch und machte damit Chibiabos Winnegan berühmt. Und verschaffte sich selbst unwissentlich den größten Vorsprung vor seinen Konkurrenten.

„Pellucidar? Pellucidar?" murmelte Ruskinson. „O Gott, was hat Bimmelschwänzchen denn nun wieder vor?"

„Es wird einige Zeit erfordern, bis ich erläutert habe, warum ich ausgerechnet diesen Ausdruck verwende, um Winnegans Genie zu beschreiben", sagt Luscus. „Zunächst einmal muß ich weiter ausholen.

VON DER ARKTIS NACH ILLINOIS

Nun, Konfuzius hat einst gesagt, daß ein Bär am Nordpol nicht furzen könnte, ohne in Chikago einen Sturm zu verursachen.

Damit wollte er ausdrücken, daß alle Ereignisse – und damit auch alle Menschen – in einem unzerreißbaren Netz miteinander verbunden sind. Was ein Mann tut, so unbedeutend es auch erscheinen mag, vibriert durch die Stränge und hat Auswirkungen auf alle anderen Menschen."

Ho Chung Ko, auf der dreißigsten Ebene von Lhasa, Tibet, vor dem Fido, sagt zu seiner Frau: „Der weiße Schwanz bringt alles durcheinander. Das hat Konfuzius nie gesagt. Lenin beschütze uns! Ich werde ihn anrufen und ihm die Hölle heiß machen!"

Seine Frau aber sagt: „Schalten wir auf einen anderen Kanal um. Pai Ting ist jetzt dran, und ..."

Ngombe, zehnte Ebene, Nairobi: „Die Kritiker hier sind ein Haufen schwarzer Scheißkerle! Schau dir dagegen Luscus an, der könnte mein Genie innerhalb einer Sekunde erkennen. Ich werde gleich morgen früh die Auswanderung beantragen."

Frau: „Wenigstens könntest du mich fragen, ob ich mitkommen möchte! Was wird aus den Kindern ... Mutter ... dem Hund ...?" und so weiter in der löwenlosen Nacht des selbstleuchtenden Afrika.

„... Ex-Präsident Radinoff sagte einst", fährt Luscus fort, „es ist das Zeitalter des Eingestöpselten Menschen. Über diesen, für mich einsichtigen Spruch, wurden vielerlei vulgäre Verballhornungen verbreitet. Aber Radinoff wollte damit nicht sagen, daß die menschliche Gesellschaft ein Kettchen aus Gänseblümchen ist. Er wollte damit ausdrücken, daß der Strom der modernen Gesellschaft durch einen Kreis fließt, mit dem wir alle verbunden sind. Dies ist das Zeitalter der Vollkommenen Verbindung. Kein Draht darf lose hängen, denn sonst würde es für uns alle einen Kurzschluß geben. Doch es ist nicht abzuleugnen, daß ein Leben ohne Individualität nicht lebenswert ist. Jeder Mensch muß ein *hapax legomenon* sein ..."

Ruskinson springt aus seinem Stuhl auf und kreischt: „Diesen Satz kenne ich, Luscus! Dieses Mal habe ich Sie!"

Er ist so entzückt, daß er in Ohnmacht fällt, Symptom einer weitverbreiteten Erbkrankheit. Er hat sich erst wieder erholt, als die Sendung zu Ende ist. Er hechelt an den Rekorder, um anzusehen, was ihm entgangen ist, doch Luscus hat es sorgfältig vermieden, den Pellucidar-Durchbruch näher zu definieren. Das hat er sich für eine spätere Folge aufgehoben.

Großpapa pfeift am Skop. „Komme mir vor wie ein Astronom. Die Planeten befinden sich im Orbit um unser Haus, die Sonne. Da haben wir Accipiter als nächsten, Merkur, obwohl er nicht der Gott der Diebe ist, sondern ihre Nemesis. Als nächstes Benedictine, deine Venus von der traurigen Gestalt. Traurig, traurig, traurig! An der ihren versteinerten Eiern würden Spermien sich wahrscheinlich die Schädel einschlagen. Bist du ganz sicher, daß die schwanger ist?

Deine Mama ist da draußen, für ein Blutbad gekleidet, und ich wünschte mir, jemand würde es anrichten. Mutter Erde strebt dem Perigäum des Saufladens zu, um deine Kohle auszugeben."

Großpapa stemmt sich ab, als befände er sich auf den Planken eines schillernden Decks, die blauschwarzen Venen seiner Beine sind so dick wie die Weinreben an einem uralten Stock. „Kurzer Abschied von der Rolle des Herrn Doktor Sternscheißdreckschnuppe, dem großen Astronom, und hin zu der des Unterseebootkommandanten Kapitän Graf von und zu Schooten. Ach! Ich zehe tschon dien schtoarkn Schteamer, deine Mama, auf dem Meer des Alkohols schlingern und schippern. Kompaß verloren, rumms-dumms. Drei Segel vorm Wind. Ruderbalken ragen in die Luft. Die schwarze Bande schwitzt sich die Eier ab und schürt die Öfen der Frustration. Die Schrauben sind im Netz der Neurose gefangen. Und der Große Weiße Wal nur ein Schimmern in der Tiefe, das aber rasch näher kommt und beabsichtigt, ihren Bug zu rammen, der zu groß ist, um ihn zu verfehlen. Arme, abgetakelte Fregatte, ich weine um sie. Aber ich kotze auch voller Abscheu.

Eins, Feuer! Zwei, Feuer! Kawumm! Mama rollt und schlingert, ein gezacktes Loch in der Hülle, aber nicht das, an das du jetzt denkst! Hinab mit ihr, Maul zuerst, wie es einer hingebungsvollen Fellatrice zukommt, ihr riesiges Heck ragt in die Luft. Blubb, blubb! Volle fünf Faden tief!

Und nun wieder von Unterwasser nach Oberweltraum. Dein Waldgott Mars, Roter Falke, hat soeben die Taverne verlassen. Und Luscus, Jupiter, der Einäugige Allvater der Künste, wenn du mir das Verschmelzen von nordischer und lateinischer Mythologie hochhuldvollst vergeben möchtest, ist von seinem Satellitenschwarm umgeben."

AUSSCHEIDUNG IST DER BITTERE TEIL VOM HELDENTUM

Luscus sagt zu seinen Fido-Interviewern: „Damit meine ich, daß Winnegan, wie jeder Künstler, groß oder nicht, eine Kunst hervorbringt, die zuerst Absonderung und einzigartig für ihn ist und dann Ausscheidung. Ausscheidung heißt soviel wie ‚Wegschaffen' im ursprünglichen Sinn. Kreative Ausscheidung oder diskrete Ausscheidung. Ich weiß, daß meine würdigen Kollegen mit diesem Vergleich wieder allerhand Schindluder treiben werden, daher möchte ich sie hier gleich zu einer Fido-Diskussion herausfordern, wenn sich dies einrichten läßt.

Heldentum erwächst aus dem Mut des Künstlers, seine innersten Produkte der Öffentlichkeit zu zeigen. Der bittere Teil besteht darin, daß der Künstler in seiner Zeit mißverstanden oder abgelehnt werden könnte. Gleichermaßen aus dem schrecklichen Krieg, der zwischen den losgelösten oder chaotischen Elementen im Innern des Künstlers stattfindet, die einander oftmals entgegengesetzt sind und die er einen und dann zu einer homogenen Einheit formen muß. Daher mein Ausspruch von der ‚diskreten Ausscheidung'."

Fido-Interviewer: „Sollen wir das so verstehen, daß alles ein großer Scheißhaufen ist, die Kunst aber einen seltsamen Wechsel bewirkt und etwas Strahlendes und Goldenes daraus macht?"

„Nicht exakt. Aber Sie sind nahe dran. Ich werde zu einem späteren Zeitpunkt eingehender und ausführlicher darauf eingehen. Augenblicklich möchte ich gerne über Winnegan sprechen. Ähem. Die unbedeutenderen Künstler vermitteln nur die Oberfläche der Dinge, sie sind Fotografen. Aber die wirklich Großen vermitteln das Innere von Wesen und Objekten. Winnegan allerdings ist der erste, der bei einem Kunstwerk mehr als nur ein Inneres vermitteln kann. Seine Erfindung der Alto-Relief-Multi-Ebenen-Technik ermöglicht es ihm, unterirdische Ebenen Schicht für Schicht zu enthüllen und verständlich zu machen."

Primalux Ruskinson lauthals: „Der große Zwiebelschäler der Malerei!"

Luscus, ruhig, nachdem das Gelächter sich gelegt hat: „In einer Hinsicht ist das nicht schlecht ausgedrückt: Große Kunst bringt die Augen zum Tränen, wie eine Zwiebel. Aber das Licht auf Winnegans Bildern ist nicht nur eine Spiegelung, es wird eingesogen, absorbiert und dann gebrochen wieder abgegeben. Jeder gebrochene Strahl macht dabei nicht nur verschiedene Aspekte der darunter liegenden Skulptur deutlich, sondern ganze Skulpturen. Welten, möchte ich sagen.

Das bezeichne ich als den Pellucidar-Durchbruch. Pellucidar ist das hohle Innere unseres Planeten, das in einem heute vergessenen Fantasy-Roman des Schriftstellers Edgar Rice Burroughs, der im zwanzigsten Jahrhundert lebte, geschildert wird. Er ist auch der Erfinder des unsterblichen Tarzan."

Ruskinson stöhnt und fühlt bereits wieder eine Ohnmacht nahen.

„Pellucid! Pellucidar! Luscus, Sie wortspielender, leichenfleddernder Scheißkerl!“

„Burroughs’ Held durchbrach die Erdoberfläche und entdeckte im Inneren eine andere Welt. Diese war in mancher Hinsicht das genaue Gegenteil der äußeren Welt, Kontinente, wo an der Oberfläche Meere sind, und vice versa. Ebenso hat Winnegan eine innere Welt entdeckt, das Gegenteil der öffentlichen Botschaft, die jedermann abstrahlt. Und wie Burroughs’ Held auch ist er mit einer erstaunlichen Erzählung von psychischen Gefahren und Erkundungen zurückgekehrt.

Und ebenso wie der literarische Held sein Pellucidar von Steinzeitmenschen und Dinosauriern bevölkert fand, ist auch die Welt Winnegans, obwohl in einem Sinne völlig modern, im anderen doch auch wieder archaisch. Unergründlich und ursprünglich. Und doch existiert auch in der erleuchteten Welt Winnegans ein böser und unauslöschlicher schwarzer Fleck, und der hat in Pellucidar seine Entsprechung in dem winzigen, unveränderlichen Mond, der kalte und unbewegliche Schatten wirft.

Nun hatte ich indessen die Absicht, daß das ursprüngliche ‚pellucid‘ Teil von Pellucidar sein sollte. ‚Pellucid‘ bedeutet ‚gleichmäßige Lichtreflexion von allen Oberflächen‘ oder ‚maximaler Lichtdurchlaß ohne Brechung oder Absorption‘. Winnegans Bilder machen genau das Gegenteil. Doch der aufmerksame Beobachter kann in dem gebrochenen und diffusen Licht einen klaren und ungebrochenen Schein erkennen. Dies ist das Licht, das alle gebrochenen und vielfältigen Ebenen vereint, das Licht, an das ich in meiner früheren Diskussion vom ‚Zeitalter des eingestöpselten Menschen‘ und dem Polarbären dachte.

Bei ganz genauem Beobachten mag der Beschauer dies entdecken und es fühlen, als wäre es der Herzschlag von Winnegans Welt.“

Ruskinson fällt beinahe in Ohnmacht. Luscus’ Lächeln und die schwarze Augenklappe erwecken den Eindruck, als sei er ein Pirat, der gerade eine spanische Galeere voller Gold geentert hat.

Großpapa, immer noch am Skop, sagt: „Und dort ist Maryam bint Jussuf, die ägyptische Hinterwäldlerin, von der du mir erzählt hast. Dein Saturn – fern, königlich, kalt und trägt einen dieser freischwebenden, wirbelnden und vielfarbigen Hüte, die derzeit der letzte Schrei sind. Die Ringe des Saturn? Oder ein Heiligenschein?“

„Sie ist wunderschön, und sie gäbe eine herrliche Mutter für meine Kinder ab“, sagt Chib.

„Der Schock für Arabien. Dein Saturn hat zwei Monde, Mutter und Tante. Anstandsdamen! Du sagst, sie würde eine gute Mutter abgeben. Was für eine prächtige Frau. Ist sie intelligent?“

„Sie ist so schlau wie Benedictine.“

„Also eine blöde Kuh. Du hast echt Auswahltalente. Woher weißt du, daß du sie liebst? In den vergangenen sechs Monaten hast du zwanzig Frauen geliebt.“

„Ich liebe sie. So ist das.“

„Bis zur nächsten. Kannst du denn wirklich außer deinen Bildern noch etwas anderes lieben? Benedictine wird sich einer Abtreibung unterziehen, richtig?“

„Nur dann, wenn ich es ihr nicht ausreden kann“, sagt Chib. „Um die Wahrheit zu sagen, ich kann sie nicht mehr sehen. Aber sie trägt mein Kind in sich.“

„Laß mal deine Lenden sehen. Nein, du bist ein Mann. Einen Augenblick lang war ich nicht sicher, wie du so verrückt sein und ein Kind wollen kannst.“

„Ein Baby ist ein Mittel, Sextillionen von Ungläubigen zu bekehren.“

„Mag schon sein. Aber weißt du denn nicht, daß Onkel Sam sich das Herz aus dem Leib redet, um die Geburtenrate so niedrig wie möglich zu halten? Wo warst du denn dein Leben lang?“

„Ich muß jetzt gehen, Großpapa.“

Chib küßt den alten Mann und kehrt in sein Zimmer zurück, um das letzte Bild zu beenden. Die Tür erkennt ihn immer noch nicht, daher ruft er im Gummint-Reparaturladen an, doch dort teilt man ihm mit, daß alle Angestellten das Folklorefestival besuchen. Er verläßt das Haus berstend vor Wut. Girlanden und Luftballons wehen im künstlichen Wind, der extra für diesen Anlaß etwas stärker eingestellt wurde, und ein Blasorchester spielt am Strand des künstlichen Sees.

Großpapa sieht ihm durch das Skop nach.

„Armer Teufel. Seine Schmerzen bereiten mir Schmerzen. Er möchte ein Kind, und er zerfrißt sich innerlich, weil der arme Teufel Benedictine ihr Kind abtreiben läßt. Teil seines Schmerzes, aber das weiß er nicht, ist seine Identifizierung mit dem todgeweihten Embryo. Seine eigene Mutter hatte zahllose – nun, zumindestens einige – Abtreibungen. Doch durch Gottes Gnade hätte auch er eine davon sein können, ein weiteres Nichts. Er möchte, daß dieses Baby auch eine Chance bekommt, aber er kann nichts dazu tun, gar nichts.

Und dann ist da auch noch ein anderes Gefühl, das er mit dem größten Teil der Menschheit teilt. Er weiß, daß er sein Leben versaut hat oder daß etwas es aus der Bahn geworfen hat. Jeder denkende Mann, jede denkende Frau weiß das. Sogar die Blöden und Hirnverbrannten erkennen es unterbewußt. Doch ein Baby, so ein herrliches Wesen, ein unbesudeltes, sauberes Tablett, ein ungeformter Engel, repräsentiert ein Stück neue Hoffnung. Vielleicht wird es ja nicht versaut. Vielleicht wächst es zu einem gesunden, selbstbewußten, verständigen, humorvollen Mann oder zu einer ebensolchen Frau heran. ‚Es wird jedenfalls nicht wie wir oder unsere Nachbarn werden', schwören sich die stolzen, aber voreingenommenen Eltern.

Chib denkt das auch und schwört, daß sein Baby anders sein wird. Aber er hält sich selbst zum Narren, wie alle anderen auch. Ein Kind hat einen Vater und eine Mutter, aber es hat Trillionen Tanten und Onkel. Nicht nur unter den Lebenden, auch unter den Toten. Selbst wenn Chib in die Wildnis fliehen und das Kind selbst aufziehen würde, würde er ihm seine eigenen unterbewußten Annahmen geben. Das Kind würde mit Verhaltensnormen und Glauben aufwachsen, von denen sein Vater nicht das geringste wissen würde. Mehr noch, als in der Einsamkeit erzogenes Wesen würde das Kind wirklich ein merkwürdiger Patron werden.

Und wenn Chib das Kind in dieser Gesellschaft erzieht, so wird es wenigstens teilweise die Verhaltensmuster seiner Spielkameraden, Lehrer und so weiter annehmen, ad nauseam.

Vergiß also, aus deinem wunderbaren ungeborenen Kind einen neuen Adam machen zu wollen, Chib. Wenn es aufwächst und nur ein bißchen geistig gesund wird, dann liegt das daran, daß du ihm Liebe und Disziplin gibst, daß es mit seinen gesellschaftlichen Kontakten Glück hat und daß es darüber hinaus bei der Geburt mit der richtigen Genkombination gesegnet ist. Und das bedeutet, dein Sohn oder deine Tochter ist Kämpfer und Liebhaber gleichzeitig.

WAS DEM EINEN SEIN ALPTRAUM IST DEM ANDEREN SEIN FEUCHTER TRAUM

sagt Großpapa.

„Ich habe mich erst gestern mit Dante Alighieri unterhalten, und er hat mir gesagt, was für ein Inferno an Dummheit, Grausamkeit, Perversion, Gottlosigkeit und brutaler Gewalttätigkeit das sechzehnte Jahrhundert gewesen ist. Über das neunzehnte allerdings zitterte er und suchte vergeblich nach angemessenen Schmäh- und Schimpfworten.

Und was sein eigenes Zeitalter anbelangt, so verursachte ihm das einen derart hohen Blutdruck, daß ich ihm ein Beruhigungsmittel geben und ihn mit Hilfe einer Krankenschwester via Zeitmaschine herausholen mußte. Sie sah aus wie Beatrice und war wahrscheinlich genau die Medizin, die er brauchte – vielleicht."

Großpapa dachte kichernd daran, daß Chib als Kind diese Zeitreisegeschichten alle ernst genommen hatte, die er ihm beschrieb, und zu seinen Besuchern gehörten unter anderem: Nebukadnezar, der König der Grasfresser, Samson, der Rätselmeister der Bronzezeit, und Quell, der Philister, Moses, der seinem kenitischen Schwiegervater einen Gott stahl und dann sein ganzes Leben lang gegen die Beschneidung kämpfte, Buddha, der originale Beatnik, Sisyphus, der sich ausnahmsweise mal vom Steinerollen erholte, Androkles und sein Kumpel, der feige Löwe aus Oz, Baron von Richthofen, der Rote Baron aus Deutschland, Beowulf, Al Capone, Hiawatha, Iwan der Schreckliche und hundert andere.

Doch es kam der Zeitpunkt, da stellte Großpapa zu seinem Schrecken fest, daß der Junge Erfundenes und Tatsächliches vermischte. Er erzählte dem Jungen ungern, daß er all die schönen Geschichten nur erfunden hatte, um ihm ein wenig Geschichtsunterricht zu verpassen. Es war, als würde man einem Kind erzählen, daß es keinen Nikolaus gibt.

Und dann, während er seinem Urenkel widerwillig die Wahrheit erzählte, fiel ihm Chibs kaum verhohlenes Grinsen auf, und er erkannte, daß es nun an ihm war, einen Rückzieher zu machen. Chib hatte sich niemals zum Narren halten lassen, und er hatte alles ohne Schock überstanden. Beide lachten herzlich darüber, und dann fuhr Großpapa fort, ihm seine Geschichten zu erzählen.

„Es gibt keine Zeitmaschinen", sagt Großpapa. „Ob es dir gefällt oder nicht, Miniver Cheevy, du mußt in dieser deiner Zeit leben.

Die Maschinen arbeiten auf den Ebenen der Stadtwerkefabriken in völliger Stille, die nur dann und wann vom Schrei eines Elefantentreibers unterbrochen wird. Die großen Röhren am Grund des Meeres saugen Wasser und Grundschlamm ein. Dieses Material wird automatisch zu den zehn Produktionsebenen von LA befördert. Dort werden die anorganischen Chemikalien in Energie umgewandelt, dann in die Materie von Essen, Trinken, Medizin und sonstigen Gegenständen. Außerhalb der Städte existiert nur ganz wenig Ackerbau und Viehzucht, und doch gibt es Überfluß für alle. Künstlich hergestellte exakte Kopien der organischen Materialien, wer sollte den Unterschied erkennen?

Es gibt weder Hunger noch Not irgendwo, mit Ausnahme unter den freiwillig Verbannten, die die Wälder durchstreifen. Die Lebensmittel und Konsumgüter werden dann zu den Pandoras befördert, und an die Empfänger der Purpurnen Sozialhilfe verteilt. *Die Purpurne Sozialhilfe.* Ein Euphemismus der Madison Avenue mit Beziehungen zu Persönlichkeit und göttlichem Recht. Wird einfach durch Geburt gewährt.

Andere Zeitalter würden unseres als Delirium bezeichnen, doch unseres besitzt Vorzüge, die den anderen abgingen. Um Vergänglichkeit und Entwurzelung vorzubeugen, ist die Stadt als Megalopolis in kleine Gemeinschaften unterteilt. Ein Mensch kann sein Leben lang an einem Ort leben, ohne sich jemals davon entfernen zu müssen, wenn er etwas will. Dies hat einen Provinzialismus mit sich gebracht, einen Kleinstadtpatriotismus und Feindseligkeit gegenüber Außenstehenden. Auch die blutigen Kämpfe zwischen Jugendbanden anderer Städte. Ausführlichen und gehässigen Tratsch. Das Beharren auf Konformität lokaler Moralbegriffe.

Gleichzeitig verfügt der Kleinbürger aber auch über Fido, was ihm ermöglicht, Ereignissen überall in der Welt beizuwohnen. Vermischt mit wertlosem Plunder und Propaganda, die die Regierung dem Volke als zuträglich erachtet, kann er aus vielerlei ausgezeichneten Programmen auswählen. Viele können sich das Äquivalent eines Doktortitels verdienen, ohne jemals einen Fuß vor die Tür zu setzen.

Und es brachte auch noch eine weitere Renaissance mit sich, ein Aufblühen der Kunst, das nur noch mit dem Athen von Perikles oder den Stadtstaaten Italiens zur Zeit Michelangelos oder Shakespeares in England zu vergleichen ist. Paradox. Mehr Analphabeten als sonstwo in der Weltgeschichte. Gleichzeitig aber auch mehr Schriftsteller. Heute sprechen mehr Menschen klassisches Latein als zu Cäsars Zeiten. Die Welt der Ästhetik birgt eine grandiose Frucht. Und, natürlich, Früchtchen.

Um dem Provinzialismus vorzubeugen und um einen internationalen Krieg noch unwahrscheinlicher zu machen, haben wir das weltpolitische Prinzip der *Homogenisierung*. Damit ist der willkürliche Austausch eines Teils der Bevölkerung einer Nation mit dem einer anderen gemeint. Geißeln für Frieden und brüderliche Liebe. Diejenigen Bürger, die mit der Purpurnen Sozialhilfe nicht auskommen oder die meinen, sie wären anderswo glücklicher, werden mit Schmiergeldern zum Auswandern veranlaßt.

In einer Weise eine Goldene Welt, in anderer Weise ein Alptraum. Was soll an dieser Welt also Neues sein? Es war immer so, in jedem Zeitalter. Unseres muß mit Überbevölkerung und Automatisierung fertig werden. Wie sonst sollte man die Probleme lösen? Es ist immer wieder das hinreichend bekannte Problem von Buridans Esel (wobei der Esel eigentlich ein Hund war), wie in jeder Zeit. Buridans Esel stirbt vor Hunger, weil er sich nicht zwischen zwei gleich großen Futterhäufchen entscheiden kann.

Geschichte: ein *pons asinorum,* bei dem die Menschen die Esel auf der Brücke der Zeit sind.

Nein, diese beiden Vergleiche sind weder fair noch richtig. Es ist wie bei Hobsons Pferd. Die einzige andere Möglichkeit ist die Bestie im nächsten Stall. Heute nacht reitet der Zeitgeist, und der Teufel führt die Hinterbeine.

Die Schriftsteller der dreifachen Revolution Mitte des zwanzigsten Jahrhunderts dokumentieren in mancher Hinsicht Vorhersehungsgabe. Aber sie unterschätzen die Folgen, die der Wegfall der Notwendigkeit zu arbeiten auf jedermann hatte. Sie waren der Meinung, daß alle Menschen gleiche Fähigkeiten und ein gleiches Potential zur Entwicklung künstlerischer Neigungen haben, daß alle sich mit Kunst, Handwerk oder Hobbys beschäftigen können oder einfach um des Lernens willen lernen. Sie wollten sich nicht mit der ‚undemokratischen' Tatsache abfinden, daß höchstens zehn Prozent der Bevölkerung – wenn überhaupt! – imstande sind, etwas Wertvolles und Lohnendes zu produzieren – oder wenigstens etwas, das auf dem Feld der Künste auch nur einen Pfifferling wert ist. Begabungen, Hobbys und eine lebenslängliche akademische Ausbildung verblassen nach einer Weile, also wieder zurück zu Suff, Fido und Vögeln.

Aufgrund mangelnden Selbstrespekts werden die Väter zu Vogelfreien, zu Nomaden in den Steppen des Sex. Mutter, mit übergroßem M, wird zur beherrschenden Gestalt im Familienleben. Sie bumst wahrscheinlich auch gehörig durcheinander, aber immerhin kümmert sie sich um die Kinder. Sie ist den größten Teil der Zeit anwesend. Da Vater eine unbedeutendere Gestalt, abwesend, schwach oder gleichgültig ist, werden die Kinder häufig homosexuell oder bisexuell. Aus dem Wunderland wird gleichzeitig ein Schwulenland.

Einige Wesenszüge dieses Zeitalters waren vorhersehbar. Sexuelle Schrankenlosigkeit war einer davon, obwohl keiner hatte annehmen können, daß sie so weit gehen würde. Aber schließlich hätte auch keiner die Panamoritensekte vorhersehen können, obwohl Amerika schon immer verrückte Religionskulte so zahlreich wie Froschlaich in einem Tümpel hervorgebracht hat. Der Wahnsinnige von gestern ist der Messias von morgen, und so konnten Sheltey und seine Jünger die Jahre der Verfolgung überstehen, und heute sind ihre Vorstellungen in die Kultur integriert."

Großpapa richtet die Mündung des Skops wieder auf Chib aus.

„Da geht er hin, mein wunderbarer Urenkel, und bringt den Griechen seine Gaben dar. Bisher hat Herkules den augäischen Stall des Geistes noch nicht ausmisten können. Und doch könnte er vielleicht erfolgreich sein, dieser fehlgetretene Apollo, dieser abgewrackte Ödipus. Er ist glücklicher als die meisten seiner Zeitgenossen. Er hatte einen dauerhaften, wenn auch geheimen Vater, einen zänkischen alten Mann, der sich vor der sogenannten Justiz verbergen mußte. Er hat Liebe, Disziplin und eine hervorragende Ausbildung in dieser verborgenen Kammer erhalten. Außerdem ist er so glücklich, einen Beruf zu haben.

Aber Mama gibt viel zuviel aus und ist außerdem noch spielsüchtig, eine schlechte Gewohnheit, die sie ihres regelmäßigen Einkommens beraubt. Ich bin ja offiziell tot, also bekomme ich die Purpurne Sozialhilfe auch nicht. Chib muß also für alles geradestehen, indem er seine Bilder vermarktet und verkauft. Luscus hat ihm geholfen, indem er ihn bekanntgemacht hat, aber Luscus kann sich auch jeden Augenblick wieder gegen ihn wenden. Doch der Erlös der Bilder reicht immer noch nicht aus. Geld ist keine Grundlage unserer Ökonomie, es ist lediglich ein seltenes Hilfsmittel. Chib braucht die Unterstützung durch den Zuschuß, den wird er aber nur bekommen, wenn er sich von Luscus lieben läßt.

Es ist nicht so, daß Chib homosexuellen Beziehungen ablehnend gegenübersteht. Wie die meisten seiner Zeitgenossen ist auch er bisexuell. Ich glaube, daß er und Omar Runic sich immer noch hin und wieder einen blasen. Und warum auch nicht? Sie lieben einander. Aber Chib weist Luscus aus Prinzip zurück. Er möchte sich nicht zur Hure machen, um seine Karriere erfolgreich zu gestalten. Außerdem trifft Chib darüber hinaus eine Unterscheidung, die tief in dieser Gesellschaft eingebettet ist. Er glaubt, daß freiwillige Homosexualität natürlich ist (was auch immer das bedeutet?), während erzwungene Homosexualität, um einen altmodischen Ausdruck zu verwenden, abartig ist. Zutreffend oder nicht, diese Unterscheidung wird eben getroffen.

Chib mag also nach Ägypten gehen. Aber was wird dann aus mir werden?

Kümmere dich nicht um mich oder deine Mutter, Chib. Was auch geschehen mag: Gib Luscus nicht nach. Erinnere dich an die letzten Worte des sterbenden Singleton, Vorstand des Amtes für Resozialisierung und Rehabilitation, der sich erschossen hat, weil er sich nicht an die neuen Zeiten gewöhnen konnte.

‚Was ist, wenn ein Mann eine Welt gewonnen und seinen Arsch verloren hat?'"

In diesem Augenblick sieht Großpapa, wie sein Urenkel, der bisher irgendwie mit hängenden Schultern einhergeschritten ist, diese plötzlich strafft. Dann fängt Chib an zu tanzen, ein kleiner improvisierter Shuffle, gefolgt von einigen Drehungen. Es ist offensichtlich, daß Chib laut brüllt. Die Fußgänger um ihn herum grinsen.

Großpapa stöhnt, dann lacht er. „O Gott, die bocksbeinige Energie der Jugend, die unvorhersehbaren Verlagerungen des Spektrums von tiefschwarzer Sorge zum hellen Orange ausgelassener Freude! Tanze, Chib, tanze den Kummer aus deinem Kopf! Sei glücklich, und wenn es auch nur für einen Augenblick ist! Du bist noch jung, unbändige Hoffnung brodelt tief in deinem Innern. Tanze, Chib, tanze!"

Er lacht und wischt sich eine Träne ab.

SEXUELLE HINTERGRÜNDE DER ANKLAGE GEGEN DIE HELLE BRIGADE

ist ein so faszinierendes Buch, daß Doktor Jespersen Joyce Bathymens, Psycholinguist des Bundesamtes für Gruppenrekonfiguration und Interkommunikabilität, nur ungern zu lesen aufhört, doch die Pflicht ruft.

„Ein Rettich ist nicht notwendigerweise rötlich", spricht er ins Tonbandgerät. „Die Jungen Rettiche nannten ihre Gruppe so, weil ein Rettich ein Keimwurzler oder Radikel und damit radikal ist. Gleichzeitig besteht ein Wortspiel mit Wurzeln und Rotarsch, und das ist ein bekannter Slangausdruck für Zorn, und möglicherweise mit peppich für aufmuckend und brünstig. Und zweifellos auch mit Retnickel, einem in Beverly Hills gebräuchlichen Wort der Umgangssprache für eine ruppige, unbeliebte und gesellschaftlich geächtete Person.

Und doch sind die Jungen Rettiche nicht das, was ich als links bezeichnen würde. Sie repräsentieren lediglich den derzeitigen Unwillen gegenüber dem Leben im allgemeinen. Sie streben keine radikale Politik der Erneuerung an. Sie heulen gegen die herrschenden Zustände wie die Affen auf den Bäumen, lassen aber niemals konstruktive Kritik verlauten. Sie wollen zerstören, denken aber niemals darüber nach, was sie nach der Zerstörung anfangen wollen.

Kurz gesagt, sie repräsentieren das Klagen und Nörgeln des Durchschnittsbürgers, nur unterscheiden sie sich von diesem dadurch, daß sie sich deutlicher artikulieren. Es gibt Tausende Gruppen ihrer Art in LA und wahrscheinlich Millionen auf der ganzen Welt. Als Kinder verbrachten sie ein normales Leben. Sie wurden sogar im selben Stock geboren und wuchsen zusammen auf, und das ist mit ein Grund, weshalb sie für diese Studie ausgewählt wurden. Welches Phänomen brachte zehn produktive Personen hervor, die alle in den sieben Häusern von Areal 69–14 beheimatet, alle gleichzeitig geboren und praktisch zusammen aufgewachsen sind, da sie immer zusammenkamen, während eine Mutter den Babysitter machte und die anderen das taten, was immer sie zu tun hatten, was... wo war ich stehengeblieben?

O ja, sie führten ein normales Leben, besuchten dieselbe Schule, tollten herum, genossen die üblichen sexuellen Spiele untereinander, gesellten sich zu den Jugendbanden und entfesselten einen recht blutigen Bandenkrieg mit der Westwood- und anderen Banden. Alle jedoch waren mit einer ausgeprägten intellektuellen Neugier gesegnet, und alle wurden in den schöpfenden Künsten aktiv.

Es wurde gemutmaßt – was auch stimmen könnte –, daß der geheimnisvolle Fremde, Raleigh Renaissance, der Vater von allen zehn Personen war. Das ist möglich, läßt sich aber nicht beweisen. Raleigh Renaissance lebte zu jener Zeit im Haus von Mrs. Winnegan, aber er scheint im ganzen Stock und auch allgemein in Beverly Hills ungeheuer aktiv gewesen zu sein. Woher dieser Mann kam, wer er ist und wohin er verschwunden ist, das alles ist noch ungeklärt, obwohl sich verschiedene Agenturen auf die Suche nach ihm gemacht haben. Er hatte weder eine ID- noch sonst eine Karte, und trotzdem blieb er lange Zeit unbehelligt. Er scheint etwas vom Polizeichef von Beverly Hills und auch von zahlreichen in Beverly Hills stationierten Bundesagenten gehabt zu haben.

Er lebte zwei Jahre bei Mrs. Winnegan, dann verschwand er. Es geht das Gerücht, daß er LA verlassen und sich zu einem Stamm weißer Neoindianer gesellt hat, der sich die Spermaindianer nennt.

Doch wieder zurück zu den Jungen (Anspielung auf Jung?) Rettichen. Sie revoltieren gegen das Vaterbild von Onkel Sam, den sie zugleich lieben und hassen. Onkel ist in ihrem Unterbewußtsein selbstverständlich mit *unco* gekoppelt, einem alten schottischen Wort, das soviel wie seltsam, unheimlich, merkwürdig bedeutet, was wiederum darauf hinweist, daß ihnen ihre Väter fremd waren. Alle entstammen Haushalten, in denen der Vater fehlte oder schwächlich war, ein Phänomen, das in unserer Kultur leider allzu häufig auftritt.

Ich kannte meinen Vater auch nie . . . Tooney, lösch das wieder, es ist bedeutungslos. *Unco* bedeutet aber gleichzeitig Neuigkeiten oder Nachrichten, was darauf hinweist, daß die jungen Männer wahrscheinlich gespannt auf die Neuigkeit von der Rückkehr ihrer Väter warten und wahrscheinlich auch insgeheim auf eine Aussöhnung mit Onkel Sam, und damit auch mit ihren Vätern, hoffen.

Onkel Sam. Sam ist die Kurzform von Samuel, was sich vom hebräischen *Shemu'el* ableitet, und das steht für den Namen Gottes. Alle Rettiche sind Atheisten, wenn auch einige, besonders Omar Runic und Chibiabos Winnegan, in ihrer Kindheit eine religiöse Erziehung genossen haben (panamorisch und römisch-katholisch).

Die Revolte des jungen Winnegan gegen Gott und die *kath*olische Kirche wurde zweifellos mit durch die Tatsache herbeigeführt, daß ihm seine Mutter starke *Kath*artiks, also Abführmittel, verabreichte, als er an chronischer Verstopfung litt. Wahrscheinlich wollte er auch seinen *Kat*echismus nicht lernen und statt dessen lieber spielen. Und es wird auch von einem traumatischen Erlebnis berichtet, in dem ihm ein *Kath*eter eingeführt wurde. (Diese Weigerung zur Exkrementierung oder Ausscheidung wird in einem späteren Bericht analysiert werden.)

Onkel Sam, die Vaterfigur. *Figur* ist ein so offensichtliches Wortspiel, daß ich hier nicht näher darauf einzugehen brauche. Eine Analogie zu Finger bietet sich ebenfalls an, im Sinne von ‚keinen Finger für dich krumm machen!' – schlagen Sie das nach bei Dantes *Inferno,* ein Italiener oder sonstwer in der Hölle sagt: ‚Für Dich mache ich keinen Finger krumm, Gott!' und beißt sich dann in der alten Geste von Trotz und Respektlosigkeit in den Daumen. Hmm? In den Daumen beißen – ein kindliches Charakteristikum?

Sam ist auch eine facettenreiche Bezeichnung für phonetisch, orthografisch oder semantisch verbundene Worte. Es ist bezeichnend, daß der junge Winnegan es nicht ertragen kann, wenn er *Liebes* genannt wird. Er behauptet, seine Mutter hätte ihn so häufig so genannt, daß ihm nun beinahe davon übel wird. Und doch hat das Wort eine tiefere Bedeutung für ihn. Sprachliche Hintergründe: ‚Liebes' heißt im Amerikanischen *dear,* wogegen *deer* ‚Hirsch' heißt. So ist *Sambar* beispielsweise ein asiatischer Hirsch mit *dreifach* gegabeltem Geweih (man beachte auch das *Sam*). Offensichtlich symbolisieren die drei Gehörne für ihn die Dreifache Revolution, das historische Ereignis, das den Beginn unseres Zeitalters kennzeichnet, das Chib angeblich so haßt. Die drei Enden sind gleichzeitig Archetypen der Heiligen Dreieinigkeit, die die Jungen Rettiche von Zeit zu Zeit lästern.

Ich möchte darauf hinweisen, daß sich die Gruppe darin von anderen unterscheidet, die ich studiert habe. Die anderen brachten eine milde und gelegentliche Blasphemie zum Ausdruck, indem sie sich dem blassen und verblichenen religiösen Geist hingaben, der heutzutage vorherrschend ist. Starke Gotteslästerer werden nur aktiv, wenn starke Glaubensfragen eine Rolle spielen.

Gleichzeitig steht Sam für *same,* was soviel heißt wie ‚gleich' und was ausdrückt, daß die Rettiche unterbewußt wünschen, konform zu sein.

Möglicherweise, obwohl diese spezielle Deutung sich als fraglich erweisen könnte, hängt Sam auch mit Samekh, dem fünfzehnten Buchstaben des hebräischen Alphabets, zusammen. (Sam! Ech!?) In der alten Weise des englischen Buchstabierens, in der die Rettiche in ihrer Kindheit unterrichtet wurden, ist der fünfzehnte Buchstabe des römischen Alphabets das O. Im Alphabet meines Wörterbuches, *Websters 128th New Collegiate,* ist das römische O in derselben horizontalen Spalte wie das arabische Dad und das hebräische Mem.

Wir erhalten auf diese Weise also auch gleich eine Zweierbeziehung zu dem fehlenden und ersehnten Vater (oder Dad) und der überdominanten Mutter (oder Mem).

Mit dem griechischen Omikron, das sich ebenfalls in dieser Spalte befindet, kann ich derzeit noch nichts anfangen, doch lassen Sie mir Zeit. Das wird intensive Studien erfordern.

Omikron. Das kleine O! Das kleine Omikron hat die Form eines Eis. Symbol für das väterliche Spermium? Die Gebärmutter? Die grundlegende Form der modernen Architektur?

Sam Hill, ein archaischer Euphemismus für Hölle. Ist Onkel Sam ein Sam Hill von einem Vater? Nein, das streichen wir lieber, Tooney. Es ist möglich, daß die intellektuellen Jugendlichen von dieser bedeutungslosen Phrase gelesen haben, aber wahrscheinlich ist es nicht. Ich möchte ja keine Querverbindungen ziehen, die mich ins Lächerliche ziehen könnten.

Mal sehen. Samisen. Ein japanisches Musikinstrument mit *drei* Saiten. Wieder die Dreifache Revolution und die Dreieinigkeit. Dreieinigkeit? Vater, Sohn und Heiliger Geist. Mutter als völlig verabscheute Gestalt, als Rabenmutter? Nun, vielleicht nicht. Streich das, Tooney.

Samisen. Sohn von Sam? Das führt naturgemäß zu Samson, der den Tempel der Philister auf sie und sich herabstürzen ließ. Diese Jungs sprechen dauernd davon, dasselbe zu tun. Kicher. Erinnert mich daran, wie ich noch in ihrem Alter war, bevor ich die nötige Reife erlangte. Streich die letzte Bemerkung, Tooney!

Samowar. Das russische Wort bedeutet buchstabengetreu übersetzt Selbstkocher. Es besteht kein Zweifel daran, daß die Rettiche vor revolutionärer Inbrunst kochen. Und doch wissen ihre gestörten Psychen, daß Onkel Sam ihr ewig liebender Vater-Mutter ist, der nur ihre besten Interessen im Herzen trägt. Aber sie zwingen sich dazu, ihn zu hassen, daher sind sie ständig am Selbstkochen.

Ein Samlet ist ein junger Lachs. Gekochter Lachs ist von gelblichroter Farbe, die der eines Rettichs sehr nahe kommt – jedenfalls in ihrem Unterbewußtsein. Samlet ist also gleich Junger Rettich. Sie fühlen sich, als würden sie im großen Dampfkochtopf der modernen Gesellschaft gekocht.

Na, ist das eine flott fabulierte Fistel – ich meine, eine fein formulierte Floskel, Tooney? Tipp das ab, bearbeite und glätte es etwas – wie abgemacht, du weißt schon wie – und schick's dem großen

Boß. Ich muß jetzt gehen. Sonst komme ich zu spät zum Essen mit Mutter, und die regt sich doch immer so furchtbar auf, wenn ich nicht auf die Minute pünktlich bin.

Oh, Postskriptum. Ich schlage vor, daß die Agenten den jungen Winnegan eingehender betrachten. Seine Freunde lassen beim Reden und Trinken psychischen Dampf ab, aber er hat sein Verhaltensmuster plötzlich geändert. Er entwickelt lange Stilleperioden und hat das Rauchen, Trinken und den Sex aufgegeben."

PROFIT IST NICHT OHNE EHRE

nicht einmal in diesen Zeiten. Das Gummint hat nichts gegen Tavernen in Privathand, die von Bürgern geleitet werden, die alle Auflagen erfüllt und den örtlichen Polizeichef nebst den Politikern ordnungsgemäß bestochen haben. Da ihnen keinerlei Vorzüge eingeräumt und keine größeren Räume vermietet werden, befinden sich diese Tavernen meist in den Wohnungen der Besitzer.

Das private Universum ist Chibs Lieblingsbar, was mit daran liegen könnte, daß der Besitzer sie illegal führt. Dionysus Gobrinus, außerstande, den Weg durch die Straßen zurückzuschwabbeln und die Fußangeln, Falltüren und Hindernisse des Dienstwegs zu überwinden, hat es längst aufgegeben, eine rechtmäßige Lizenz zu beantragen.

Er schreibt den Namen seines Etablissements offen über die mathematischen Gleichungen, die einst das Äußere dieses Hauses schmückten. (Math. Prof. in Beverly Hills U. 14, Name Al-Khwarizmi Descartes Lobaschewsky, ist in den Ruhestand gegangen und hat seinen Namen wieder geändert.) Das Atrium und mehrere Schlafzimmer wurden in Räume für Zecherei und Geselligkeit umgewandelt. Ägyptische Kunden sind hier nie zu sehen, wahrscheinlich wegen ihrer Überempfindlichkeit angesichts der blumigen Vorurteile, die Zechkumpane innen an die Wände geschmiert haben.

A BAS, ABU
MOHAMMED WAR DER SOHN EINER JUNGFRÄULICHEN HÜNDIN
DIE SPHINX STINKT
VERGESST DAS ROTE MEER NICHT!
DER PROPHET IST EIN KAMELFETISCHIST

Einige von denen, die das geschrieben haben, haben Väter, Großväter und Urgroßväter, die selbst Gegenstand ähnlicher Schmähungen waren. Aber ihre Nachkommen haben sich gründlich angepaßt. Bis ins Mark Bewohner von Beverly Hills. Aus solchen besteht das Königreich der Menschen.

Gobrinus, ein Fettkloß von einem Mann, steht hinter der Bar, die, als Schutz gegen das vorherrschende Oval, rechteckig angelegt ist. Über ihm befindet sich ein großes Schild:

ONE MAN'S MEAD IS ANOTHER
MAN'S POISSON

Gobrinus hat dieses Wortspiel viele Male erläutert, aber nicht immer zur Zufriedenheit der Zuhörer. Fest steht jedenfalls, daß Poisson ein Mathematiker war und daß Poissons Häufigkeitsverteilung eine gute Annäherung an die binomische Verteilung ist, wenn die Zahl der Versuche zunimmt und die Wahrscheinlichkeit des Erfolgs bei einem einzigen Versuch gering ist.

Wenn ein Kunde zu betrunken ist, als daß man ihm noch ein weiteres Getränk geben könnte, dann wird er unter heftigem Einsatz, oft bis zur völligen Erschöpfung, von Gobrinus Kopf voran aus der Taverne hinausgeworfen, der dabei schreit: „Poisson! Poisson!"

Chibs Freunde, die Jungen Rettiche, begrüßen ihn, wobei ihre Rufe unbewußt die jüngste Einschätzung des Psycholinguisten wiedergeben, die dieser in bezug auf sein Verhalten getroffen hat.

„Chib, alter Mönch! Chibber denn je und wahrscheinlich auf der Suche nach einer Chibbie. Triff deine Wahl!"

Madame Trismegista, die an einem kleinen Tisch sitzt, dessen Oberfläche nach dem Siegel Salomos geformt ist, begrüßt ihn. Sie ist schon seit zwei Jahren Gobrinus' Frau, ein Rekord, denn sie hat gedroht, ihn zu erstechen, wenn er sie verläßt. Zudem glaubt sie, daß sie sein Schicksal mit den Karten beeinflussen kann, die sie legt. In diesem Zeitalter der Verzückung florieren Wahrsagerei und Astrologie. Je weiter die Wissenschaft vordringt, desto rascher galoppieren Unwissenheit und Aberglaube an ihren Flanken und beißen der Wissenschaft mit großen dunklen Zähnen ins Hinterteil.

Gobrinus selbst, ein Doktor und Träger der Fackel des Wissens (wenigstens bis jüngst) glaubt nicht an Gott. Aber er ist sicher, daß die Sterne einer für ihn freudvollen Konstellation zustreben. Mit einer seltsamen Logik glaubt er, daß die Karten seiner Frau die Sterne beherrschen. Er weiß nicht, daß Kartenlesen und Astrologie zwei völlig unterschiedliche Paar Stiefel sind.

Aber was soll man von einem Mann schon erwarten, der behauptet, daß das Universum asymmetrisch ist?

Chib winkt Madame Trismegista mit einer Hand zu und begibt sich an einen anderen Tisch. Dort sitzt

EIN TYPISCHER TEENÄTSCHER

Benedictine Serinus Melba. Sie ist groß und schlank und hat schmale, lemurenähnliche Hüften und schlanke Beine, aber große Brüste. Ihr Haar, ebenso schwarz wie ihre Pupillen, ist in der Mitte gescheitelt und mit parfümiertem Spray am Kopf festgepappt. Hinten ist es zu zwei langen Geschlechtsorganen geflochten. Diese fallen über ihre breiten Schultern und werden über dem Kehlkopf von einer goldenen Spange zusammengehalten. Von der Brosche, die wie eine Note geformt ist, teilen die Zöpfe sich wieder und verlaufen geschwungen unter den beiden Brüsten, wo sie von einer weiteren Brosche gehalten und geteilt werden. Sie verlaufen weiter bis zum Rücken, wo sich ebenfalls eine Brosche befindet, und von dort kommen sie zurück und treffen sich über dem Bauch wieder. Dort werden sie von einer letzten Brosche gehalten, ehe sich die doppelten schwarzen Wasserfälle frei über das glockenförmige Kleid ergießen.

Ihr Gesicht ist dick geschminkt mit Grün und Aquamarin, trägt ein Schönheitspflästerchen und als Schmucksteine Topas. Sie trägt des weiteren einen gelben Büstenhalter mit künstlichen rosa Nippeln, von dem BH hängen winzige Seidenröllchen herab. Ein hellgrünes Korsett mit schwarzen Rosetten umspannt ihre Hüfte. Über dem Korsett, dieses halb verdeckend, befindet sich eine schimmernde Drahtstruktur, die mit einem gesteppten rosa Stoff überspannt ist. Diese erstreckt sich weit über den Rücken hinaus und bildet eine Art Vogelschwanz, an dem lange, künstliche Vogelfedern befestigt sind.

Darunter bauscht sich ein knöchellanges, halbdurchsichtiges Kleid auf. Es verbirgt nicht die gelb und dunkelgrün gestreiften Seidenunterhöschen, die weißen Schenkel und die schwarzen Netzstrümpfe mit den grünen Stickereien, die wie Noten geformt sind. Ihre Schuhe sind hellblau, die hochhackigen Absätze aus Topas.

Benedictine ist so kostümiert, weil sie beim Folklorefestival singen möchte. Einzig ihr Sängerhut fehlt noch. Unter anderem ist sie deswegen hergekommen, um Chib Vorwürfe zu machen, weil er ihr einen Bauch gemacht und damit ihr Äußeres verunstaltet hat, wodurch er ihre Chancen für eine Karriere verringerte.

Sie ist in Gesellschaft von fünf Mädchen zwischen sechzehn und einundzwanzig, die alle S (für Schädelpuster) trinken.

„Können wir uns denn nicht ungestört unterhalten, Benny?“ fragt Chib.

„Wozu?“ Ihre Stimme ist ein lieblicher Alt mit einer häßlichen Modulation.

„Du hast mich nur hierherkommen lassen, um mir in aller Öffentlichkeit eine Szene zu machen“, sagt Chib.

„Um Himmels willen, was für eine Szene ist denn hier schon?“ kreischt sie jetzt auf. „Seht ihn euch an, er will sich mit mir allein unterhalten!“

Erst nun erkennt er, daß sie Angst davor hat, mit ihm allein zu sein. Mehr noch, sie ist überhaupt nicht imstande, allein zu sein. Jetzt weiß er, warum sie darauf bestand, daß die Schlafzimmertür offen und ihre Freundin Bela in Rufweite bleiben mußte. Und Hörweite.

„Du hast gesagt, du würdest nur deinen Finger nehmen!“ brüllt sie. Sie deutet auf ihren rundlichen Bauch. „Ich bekomme ein Baby! Du verkommener, verlogener Scheißkerl!“

„Das stimmt überhaupt nicht“, widerspricht Chib. „Du hast gesagt, es sei alles in Ordnung. Du liebst mich.“

„‚Liebe! Liebe!‘ sagt er! Woher, zum Teufel, soll ich wissen, was ich alles gesagt habe, nachdem du mich so aufgegeilt hattest! Jedenfalls habe ich nicht gesagt, daß du ihn reinschieben kannst! Das habe ich niemals gesagt! Und was du dann erst *gemacht* hast! Was du gemacht hast! Mein Gott, ich konnte fast eine Woche nicht mehr richtig gehen, du Scheißkerl, du!“

Chib schwitzt. Ausschnitte aus Beethovens Pastorale ertönen vom Fido, ansonsten ist es still im Zimmer. Seine Freunde grinsen. Gobrinus hat ihnen den Rücken zugewandt und trinkt Scotch. Madame Trismegista mischt ihre Karten und furzt eine teuflische Mischung von Bier- und Zwiebelausdünstungen. Benedictines Freundinnen betrachten ihre mandarinlangen fluoreszierenden Fingernägel oder funkeln ihn böse an. Ihr Schmerz und Stolz sind auch die ihren und vice versa.

„Ich kann diese Pillen nicht nehmen. Ich verliere den Verstand und bekomme Augenschmerzen, und sie bringen meine Regel durcheinander! Das weißt du! Und einen mechanischen Uterus kann ich nicht ab! Außerdem hast du mich belogen! Du hast gesagt, du würdest die Pille nehmen!“

Chib erkennt, daß sie sich selbst widerspricht, aber es ist zwecklos, logisch sein zu wollen. Sie ist wütend, weil sie schwanger ist. Sie will sich zu diesem Zeitpunkt nicht auf eine Abtreibung einlassen, und sie sinnt auf Rache.

Wie aber, fragt sich Chib, wie konnte sie denn in *jener* Nacht schwanger werden? Keine Frau, egal wie fruchtbar, hätte das fertigbringen können. Sie muß schon davor oder danach gevögelt worden sein. Und doch schwört sie, daß es in dieser Nacht geschehen ist, in jener Nacht, als er gewesen ist.

DER RITTER MIT DEM BRENNENDEN STÖSSEL ODER SCHAUM AM RICHTIGEN PLATZ

„Nein, nein!“ kreischt Benedictine.

„Warum nicht? Ich liebe dich“, sagt Chib. „Ich möchte dich heiraten.“

Benedictine kreischt, und ihre Freundin Bela, die draußen auf dem Flur wartet, fragt: „Was ist denn los? Was ist geschehen?“

Benedictine antwortet nicht. Wütend und zitternd, als hätte das Fieber sie im Griff, taumelt sie aus dem Bett und stößt Chib weg. Sie hastet zum kleinen Ei des Badezimmers in der Ecke. Er folgt ihr.

„Ich hoffe, du wirst nicht das tun, was ich jetzt denke . . .?“ fragt er.

Benedictine schreit auf. „Du verschlagener, elender Hurensohn!“

Im Badezimmer zieht sie einen Abschnitt der Wand herunter, der zu einem Regal wird. Auf diesem sind, durch magnetische Knöpfe gehalten, vielerlei Fläschchen zu sehen. Sie wählt eine lange, dünne Kanüle mit Spermatoziden, öffnet sie und führt sie ein. Sie drückt den Knopf am anderen Ende, worauf sich der Schaum zischend daraus ergießt, auch wenn seine fleischliche Hülle nicht verstummen kann.

Chib ist einen Augenblick wie betäubt. Dann brüllt er.

„Bleib mir vom Leibe!“ schreit Benedictine. „Du Retnickel!“

Von der Schlafzimmertür hört man Belas zaghaftes „Alles in Ordnung, Benny?“

„Ich sorge schon dafür, daß alles in Ordnung kommt!“ wütet Chib.

Er hechtet nach vorn und nimmt eine Dose Sprühleim vom Regal. Der Leim wird von Benedictine dazu benützt, ihre Perücken an der Kopfhaut festzukleben, und er hält ewig, wenn er nicht durch ein entsprechendes Gegenmittel gelöst wird.

Benedictine und Bela schreien gleichzeitig, als Chib Benedictine ergreift und dann auf den Boden legt. Sie wehrt sich heftig, doch es gelingt ihm, den Leim auf die Kanüle, ihre Haut und die zugehörigen Haare zu sprühen.

„Was tust du da?“ kreischt sie.

Er drückt den Knopf der Kanüle auf maximale Schaumkraft, dann sprüht er ihn mit Leim fest. Sie wehrt sich immer noch, doch er hält ihre Arme dicht an den Körper gepreßt und verhindert, daß sie sich hin und her rollen kann, damit die Kanüle nicht rein oder raus rutscht. Chib zählt lautlos bis dreißig, dann nochmals bis dreißig, um sicherzustellen, daß der Leim auch wirklich getrocknet ist, dann läßt er sie los.

Der Schaum quillt um ihre Lenden und tropft an ihren Beinen hinunter, wo er sich am Boden ausbreitet. In der unzerstörbaren Kanüle steht die Flüssigkeit unter ungeheurem Druck, und der Schaum quillt rasend schnell auf, wenn er der offenen Luft ausgesetzt wird.

Chib nimmt das Gefäß mit dem Gegenmittel vom Regal und hält es fest, um ihr eindeutig klarzuachen, daß sie es nicht bekommen wird. Benedictine springt auf und schlägt nach ihm. Er lacht wie eine Hyäne, blockt ihre Faust ab und schiebt sie weg. Sie rutscht auf dem mittlerweile knöcheltiefen Schaum aus, fällt, dann gleitet sie auf den Hinterbacken rückwärts ins Schlafzimmer, wobei die Kanüle über den Boden streift.

Sie steht auf, und nun erst erkennt sie völlig, was Chib getan hat. Sie schreit immer lauter. Sie tanzt herum und zieht an der Kanüle, ihre Schreie werden dabei vor Schmerzen immer greller. Dann wendet sie sich um und läuft aus dem Zimmer, besser gesagt, will aus dem Zimmer laufen, rutscht aber wieder aus. Bela steht ihr im Weg, beide klammern sich aneinander und schlittern aus dem Zimmer, wobei sie sich unter der Tür sogar halb drehen. Der Schaum wirbelt auf, so daß die beiden wie Venus und ihre Freundin aussehen, die aus den schaumgekrönten Wogen des zyprischen Meeres emporsteigen.

Benedictine schiebt Bela von sich, verliert dabei aber einige Zentimeter Fleisch an Belas spitze Fingernägel. Bela schießt rückwärts durch die Tür und wieder auf Chib zu. Sie sieht wie eine Eislaufschülerin aus, die sich bemüht, das Gleichgewicht nicht zu verlieren. Dabei ist sie allerdings nicht erfolgreich und schießt an Chib vorbei. Sie rutscht heulend auf dem Rücken, die Beine starr in die Luft gestreckt.

Chib gleitet mit bloßen Füßen über den Fußboden und kommt unsicher vor dem Bett zu stehen, wo er seine Kleider nimmt, dann aber entscheidet, daß es vielleicht sicherer ist, sie erst draußen anzuziehen. Er kommt gerade noch rechtzeitig in den ringförmigen Flur, um Benedictine zu sehen, die an einer der Säulen vorbeikriecht, welche den Korridor vom Atrium trennen. Ihre Eltern, zwei Behemots mittleren Alters, sitzen immer noch auf dem Flato, Bierdosen in Händen, Augen aufgerissen, Mund sperrangelweit offen, zitternd.

Chib wünscht ihnen nicht einmal eine gute Nacht, während er an ihnen vorbei zum Ausgang geht. Doch dann sieht er das Fido und erkennt, daß ihre Eltern es von EXT nach INT und dann weiter in Benedictines Zimmer geschaltet haben. Vater und Mutter haben Chib und Tochter beobachtet, und es ist offensichtlich, was man an Vaters noch nicht ganz wiederhergestellter innerer Ruhe ermessen kann, daß ihnen dieses kleine Schauspiel sehr gefallen hat, das alles übertraf, was man über externes Fido empfangen kann.

„Ihr voyeuristisches Dreckpack!“ brüllt Chib.

Benedictine ist bei ihnen angelangt, richtet sich auf, weint, zetert, deutet auf die schäumende Kanüle, dann auf Chib. Bei Chibs Schrei fahren die beiden Eltern wie Leviathane aus den Tiefen auf. Benedictine wendet sich um und läuft mit ausgestreckten Armen auf ihn zu, Finger gekrümmt und gespreizt, die langen Nägel parat, ihr Gesicht das einer Medusa. Hinter ihr ergießt sich der Schaum in einer langen Spur, auf der Vater und Mutter folgen.

Chib stützt sich an einer Säule ab, prallt weg und schlittert hilflos weiter, wobei er sich nach seitwärts dreht, was er nicht verhindern kann. Doch es gelingt ihm, das Gleichgewicht zu halten. Mama und Papa sind mit einem Schlag umgefallen, der das ganze Haus in den Grundfesten erzittern ließ. Sie richten sich mit rollenden Augen wieder auf und brüllen wie zur Oberfläche aufgestiegene Nilpferde. Sie verfolgen ihn nun ihrerseits, Mama kreischend, ihr Gesicht gleicht, trotz des Fetts, dem von Benedictine. Papa umrundet eine Seite der Säule, Mama die andere. Benedictine hat sich ebenfalls eine Säule gesucht, an der sie sich nun festhält, um nicht wieder im Schaum auszugleiten. Sie steht zwischen Chib und der Tür ins Freie.

Chib sinkt in einem schaumfreien Teil des Korridors gegen die

Wand. Benedictine eilt auf ihn zu. Er hechtet los, prallt auf dem Fußboden auf und gleitet zwischen zwei Säulen durch ins Atrium.

Mama und Papa schlittern auf Kollisionskurs. Die Titanic prallt gegen den Eisberg, beide sinken rasch. Sie rutschen auf Gesichtern und Bäuchen in Richtung Benedictine. Diese springt in die Luft. Schaum regnet auf die beiden herab, während sie unter ihr hindurchgleiten.

Inzwischen ist die Richtigkeit der Regierungsbehauptung, wonach die Kanüle für 40 000 Schüsse Spermatod beziehungsweise vierzigtausend Nummern ausreicht, hinreichend bewiesen. Das ganze Haus ist voll knöcheltiefem Schaum, der an manchen Stellen sogar kniehoch aufgetürmt ist – und immer noch schäumt mehr hervor.

Bela liegt mittlerweile auf dem Atriumfußboden auf dem Rücken, ihr Gesicht ist in den weichen Falten des Flato vergraben.

Chib bleibt einen Augenblick stehen und schaut sich um. Er hat die Knie gebeugt, um im Angriffsfall rasch springen zu können, hofft aber, daß er es nicht muß, denn er weiß genau, daß seine Füße unweigerlich unter ihm wegrutschen werden.

„Bleib hier, du verkommener Hurensohn!" tobt Papa. „Ich bring dich um! Das kannst du mit meiner Tochter nicht machen!"

Chib sieht ihm zu, wie er sich wie ein Wal bei schwerem Seegang windet und versucht, auf die Beine zu kommen. Doch er sinkt wieder hinab und grunzt wie von der Harpune getroffen. Mama ist nicht viel erfolgreicher als er.

Als er sieht, daß sein Weg frei ist – Benedictine ist irgendwohin verschwunden –, schlittert Chib über den Boden des Atriums, bis er eine unbeschäumte Stelle nahe bei der Eingangstür erreicht hat. Mit den Kleidern über dem Arm und dem Leimlöser noch in der Hand, geht er auf die Tür zu.

In diesem Augenblick ruft Benedictine seinen Namen. Er dreht sich um und sieht, wie sie von der Küche auf ihn zuschlittert. In der Hand hält sie ein hohes Glas. Er fragt sich, was sie damit vorhat. Gewiß will sie ihm nicht freundlich einen Drink anbieten.

Dann erreicht sie ein trockenes Fußbodenstück und wirft sich mit einem Aufschrei vorwärts. Sie kann den Inhalt des Glases treffsicher nach ihm schleudern.

Chib schreit, als er das kochendheiße Wasser spürt – so schmerzhaft, als wäre er ohne Narkose beschnitten worden.

Benedictine liegt auf dem Fußboden und lacht. Chib hüpft wie ein

Wilder kreischend hin und her und hält die gemarterten Teile mit den Händen, Kleider und Spraydose hat er fallen lassen. Aber schließlich erlangt er wieder seine Selbstbeherrschung. Er stoppt sein Gehopse, umklammert Benedictines rechte Hand und zerrt sie auf die Straßen von Beverly Hills hinaus. Es sind noch einige Leute unterwegs, und die folgen den beiden. Er hält erst am See an und springt hinein, um die verbrühten edlen Teile abzukühlen, und Benedictine folgt ihm hinterher.

Die Menge weiß später viel darüber zu erzählen, nachdem Benedictine und Chib aus dem Wasser gekrochen und nach Hause geeilt sind. Die Menge redete und lachte sogar noch eine ganze Weile danach, während sie den Leuten vom Gesundheitsamt zusahen, die den See und den Straßenbelag vom Schaum reinigten.

„Ich war so wund, daß ich einen ganzen Monat kaum gehen konnte!" ereifert sich Benedictine.

„Du hattest es so gewollt", sagt Chib. „Du hast gar keinen Grund zur Beschwerde. Du hast gesagt, du wolltest mein Baby, und das hat sich so angehört, als wäre es dein Ernst gewesen."

„Ich muß von Sinnen gewesen sein!" schreit Benedictine. „Nein, war ich nicht! Ich hab' so was nie gesagt! Du hast mich angelogen! Du hast mich gezwungen!"

„Ich würde nie jemanden zwingen", sagt Chib. „Das weißt du. Hör auf herumzuquengeln. Du bist ein freies Wesen, und es war deine freie Entscheidung. Du hast deinen eigenen Willen."

Omar Runic, der Poet, steht von seinem Stuhl auf. Er ist ein großer, schlanker und bronzehäutiger junger Mann mit einer Adlernase und wulstigen Lippen. Sein Kraushaar ist lang und in der Form der *Pequod* geschnitten, jenes fabelhaften Schiffs, das den verrückten Kapitän Ahab und seine Mannschaft sowie den einzigen Überlebenden, Ismael, nach dem Angriff des Wals an Bord genommen hat. Die Frisur ist mit einem Bogenspriet und einer Hülle und drei Masten geformt, und sogar die Wanten und Rettungsboote sind zu erkennen.

Omar Runic klatscht in die Hände und ruft: „Bravo! Ein Philosoph! Freier Wille ist es; freier Wille, die ewigen Wahrheiten zu suchen – falls existent – oder ewige Verdammnis! Ich trinke auf den freien Willen! Ein Trinkspruch, meine Herren! Stehet auf, Junge Rettiche, ein Trinkspruch auf unseren Anführer!"

Und damit beginnt

DIE IRRE S-PARTY

Madame Trismegista ruft: „Dein Glück, Chib! Schau an, was die Sterne dir durch die Karten vorhersagen!"

Er nimmt bei ihr am Tisch Platz, während seine Freunde sich um sie drängen.

„Okay, Madame. Wie komme ich aus dem ganzen Schlamassel wieder raus?"

Sie mischt und dreht die oberste Karte um.

„Herrgott! Das Pik-As!"

„Du wirst eine lange Reise antreten!"

„Ägypten!" ruft Rousseau Roter Falke. „Oh nein, Chib, dorthin willst du doch gar nicht. Komm mit mir dahin, wo die Büffel brüllen und . . ."

Die nächste Karte wird aufgedeckt.

„Du wirst in Bälde eine wunderschöne dunkle Lady treffen."

„Eine gottverdammte Araberin! Oh nein, Chib, sag, daß das nicht wahr ist!"

„Du wirst bald große Ehren erlangen."

„Chib wird seine Unterstützung bekommen!"

„Wenn ich die Unterstützung bekomme, dann muß ich nicht nach Ägypten", sagt Chib. „Mit allem Respekt, Madame Trismegista, aber Sie erzählen Unsinn."

„Spotte nicht, junger Mann. Ich bin kein Computer. Ich bin auf das Spektrum psychischer Vibrationen eingestellt."

Flip. „Du wirst physisch und moralisch in große Gefahr geraten."

„Das kommt bei mir tagtäglich vor", sagt Chib.

Flip. „Ein dir nahestehender Mann wird zweimal sterben."

Chib erbleicht, fängt sich wieder, sagt: „Ein Feigling stirbt tausend Tode."

„Du wirst in der Zeit reisen und in die Vergangenheit zurückkehren."

„Puh!" sagt Roter Falke. „Heute übertreffen Sie sich selbst, Madame! Vorsicht! Sie werden einen psychischen Bruch bekommen und ein ektoplasmatisches Bruchband tragen müssen!"

„Laßt das, ihr Dummbeutel, ja!" sagt Madame. „Es gibt mehr Welten als eine. Die Karten lügen nicht. Nicht wenn ich mich mit ihnen beschäftige."

„Gobrinus!" ruft Chib. „Noch einen Krug Bier für Madame!"

Die Jungen Rettiche kehren an ihren Tisch zurück, eine beinlose Platte, die von einem Antigravfeld an Ort und Stelle gehalten wird. Benedictine funkelt sie an und verschwindet mit ihrem Weiberrudel. An einem Tisch in der Nähe sitzt Pinkerton Legrand, ein Gummint-Agent, der sie frontal betrachtet, damit sein Fido unter dem Ein-Weg-Fenster der Jacke direkt auf sie gerichtet ist. Sie wissen, daß er das tut. Er weiß, daß sie es wissen, und hat das seinem Vorgesetzten gemeldet. Er runzelt die Stirn, als er Falco Accipiter zur Tür hereinkommen sieht. Legrand mag es nicht, wenn ein Agent einer anderen Abteilung sich in seine Fälle einmischt. Accipiter würdigt Legrand keines Blickes. Er bestellt ein Kännchen Tee, dann gibt er vor, eine Pille in den Teepott fallen zu lassen, die sich mit Tanninsäure zur Substanz S verbindet.

Rousseau Roter Falke winkt Chib zu und sagt: „Hältst du es wirklich für möglich, ganz LA mit nur einer Bombe lahmzulegen?"

„Drei Bomben", sagt Chib so laut, daß Legrands Fido die Worte auch aufnehmen kann. „Eine im Kontrollzentrum der Desalinierungsfabrik, die zweite in der Ersatzkonsole, die dritte für den Nexus des großen Rohrs, das das Wasser zum Reservoir auf Ebene zwanzig befördert."

Pinkerton Legrand erbleicht. Er kippt seinen Whisky hastig hinunter und bestellt einen neuen, obwohl er bereits zu viele intus hat. Er drückt einen Knopf an seinem Fido, um dreifache Top-Priorität zu übermitteln. Im HQ blinken rote Lichter auf, ein Gong ertönt, und der Chef wacht so plötzlich auf, daß er vom Stuhl fällt.

Accipiter hört es gleichfalls, aber er bleibt starr, finster und brütend wie der Falke eines Pharaos sitzen. Als Monomane wird er sich nicht von Geschwätz aus der Fassung bringen lassen, ganz LA lahmzulegen, auch wenn es dann in die Tat umgesetzt werden sollte. Er ist auf Großpapas Spur, und er ist nur deshalb hier, weil er Chib als Schlüssel zum Haus benutzen will. Eine „Maus" – wie er von seinen Kriminellen denkt –, eine „Maus" wird zum Loch der anderen laufen.

„Wann glaubst du, können wir losschlagen?" fragt Huga Wells-Erb Heinsturbury, die Science Fiction-Autorin.

„In etwa drei Wochen", sagt Chib.

Im HQ verflucht der Chef Legrand wegen der Störung. Es gibt Tausende junger Männer und Frauen, die mit derlei Verschwörungsplänen Dampf ablassen und die immerzu von Attentaten und Revolution reden. Er versteht gar nicht, weshalb die jungen Punks so reden, schließlich haben sie doch alles, was sie sich wünschen können. Wenn es nach ihm ginge, dann würde er sie ins Gefängnis werfen lassen und dann und wann – oder auch öfter – eine reintreten.

„Wenn wir es hinter uns haben, dann werden wir uns nach draußen absetzen müssen“, sagt Roter Falke mit glitzernden Augen. „Ich kann euch eines sagen, Jungs, als freier Mann in den Wäldern zu leben, das ist das Größte. Dort ist man ein eigenständiges Individuum, nicht ein Angehöriger der gesichtslosen Masse.“

Roter Falke glaubt an die Verschwörung zur Zerstörung LAs. Er ist glücklich, denn am Busen von Mutter Natur hat er sich, wenn er es auch nicht zugibt, nach intellektuellen Gesprächspartnern gesehnt. Die anderen Wilden können einen Hirsch auf hundert Meter hören und eine Klapperschlange im Gebüsch aufspüren, aber gegenüber den Schritten der Philosophie, dem Röhren von Nietzsche, dem Klappern von Rousseau und dem Bellen von Hegel sind sie einfach taub.

„Das unbelesene Schwein!“ sagt er laut. Die anderen sagen: „Was?“

„Nichts. Hört zu, ihr Jungs müßt wissen, wie herrlich es ist. Ihr wart doch beim WNAKK!“

„Ich war 4-F“, sagt Omar Runic. „Ich bekam Heuschnupfen.“

„Ich arbeitete an meinem vierten M. A.“, sagt Gibbon Facitus.

„Ich war bei der WNAKK-Band“, sagt Sibelius Amadeus Yehudi. „Wir kamen nur zum Spielen raus, und das war nicht oft.“

„Chib, aber du warst beim Korps. Und dir hat es doch gefallen, oder?“

Chib nickt, sagt dann aber: „Als Neoindianer braucht man seine ganze Zeit einzig fürs Überleben. Wann könnte ich malen? Und wer würde die Bilder ansehen, wenn ich doch Zeit hätte? Und außerdem ist das kein Leben für eine Frau oder ein Baby.“

Roter Falke schaut verletzt drein und bestellt einen Whisky mit S.

Pinkerton Legrand möchte die Übertragung nicht unterbrechen, aber er kann den Druck auf seiner Blase nicht mehr aushalten. Er geht in den Raum, der als Gästeklo dient. Roter Falke, wegen der Ablehnung in gehässiger Stimmung, streckt ein Bein aus. Legrand sieht es, macht einen Ausfallschritt, stolpert aber doch. Benedictine stellt ihm ebenfalls ein Bein. Legrand stolpert auch darüber und fällt auf das Gesicht. Er hat nun keinen Grund mehr, aufs Klo zu gehen, es sei denn, um sich dort zu waschen.

Alle lachen, außer Legrand und Accipiter. Legrand springt mit geballten Fäusten auf. Benedictine achtet gar nicht auf ihn, sondern geht zu Chib hinüber. Ihre Freundinnen folgen. Chib erstarrt. Sie sagt: „Du perverser Scheißkerl! Du hast mir gesagt, du würdest nur den Finger nehmen!“

„Du wiederholst dich“, sagt Chib. „Wichtig ist allein, was soll aus dem Baby werden?“

„Was kümmert dich das?“ fragt Benedictine. „Nach allem, was du weißt, kann es überhaupt nicht deines sein!“

„Das ist eine große Erleichterung“, sagt Chib. „Wenn es nur so wäre. Wie auch immer, das Baby sollte selbst entscheiden können. Es möchte vielleicht leben – sogar mit dir als Mutter.“

„In diesem elenden Leben!“ schreit sie. „Ich werde ihm einen Gefallen tun! Ich gehe ins Krankenhaus und lasse es wegmachen! Deinetwegen geht meine große Chance beim Festival flöten! Es werden von überall her Agenten hier sein, und ich werde nicht die geringste Chance haben, für sie zu singen!“

„Du lügst“, sagt Chib. „Du bist ja schon zum Singen angezogen.“

Benedictines Gesicht ist rot, ihre Augen sind aufgerissen, ihre Nasenflügel beben.

„Du hast mir die ganze Freude verdorben!“

Sie brüllt: „He, Leute, wollt ihr mal'n echten Heuler hören? Dieser große Künstler hier, dieser Schrank von einem Mann, der göttliche Chib, der kann keinen Ständer kriegen, wenn er nicht einen abgelutscht bekommt!“

Chibs Freunde sehen einander an. Wovon schreit das Gör? Was ist daran Neues?

Aus Großpapas *Privaten Ergüssen:* Einige Züge der panamoritischen Religion, die im einundzwanzigsten Jahrhundert so verabscheut und abgelehnt wurden, sind heutzutage ins tägliche Leben übergegangen. Liebe, Liebe, Liebe, physisch und geistig! Es genügt nicht mehr, die eigenen Kinder nur zu herzen und zu küssen. Orale Stimulierung der Genitalien von Kindern durch erwachsene Onkel und Tanten oder Eltern hat zu einigen merkwürdigen konditionierten Reflexen geführt. Ich könnte ein Buch darüber schreiben, was ich wahrscheinlich auch tun werde.

Legrand kommt aus dem Waschraum. Benedictine schlägt Chib ins Gesicht. Chib schlägt zurück. Gobrinus klappt einen Teil der Bar nach oben und schwabbelt durch die Öffnung. Er ruft: „Poisson! Poisson!"

Er stößt mit Legrand zusammen, der gegen Bela rempelt, die schreit, herumwirbelt und Legrand schlägt, der zurückschlägt. Benedictine schüttet Chib ein Glas S ins Gesicht. Dieser springt heulend auf und schwingt die Fäuste. Beneditine duckt sich, so daß die Faust über ihren Kopf hinweg gegen die Brust einer Freundin prallt.

Roter Falke springt auf den Tisch und brüllt: „Ich bin eine legitime Bärenkatze, halb Aligator, halb . . ."

Was von einem Gravitationsfeld gehalten wird, kann kein großes Gewicht tragen. Der Tisch kippt und katapultiert ihn in die Mädchen. Alle gehen zu Boden. Sie beißen und kratzen Roter Falke, und Benedictine kneift ihm sogar in die Eier. Er schreit, wirbelt sich frei und schleudert Benedictine auf den Tisch. Dieser hat mittlerweile wieder seine normale Haltung angenommen, doch nun kippt er erneut, und sie fällt zur anderen Seite. Legrand, der sich auf Zehenspitzen zum Ausgang schleichen wollte, wird umgeschlagen. Er verliert einige Vorderzähne. Blut und Zähne spuckend, springt er auf und schlägt einen Danebenstehenden.

Gobrinus feuert mit einem Gewehr, das komprimierte Lichtblitze verschießt. Es soll die Streitenden blenden, damit sie wieder zu Verstand kommen, während sich ihre Sehkraft regeneriert. Es hängt in der Luft und scheint wie

DER STERN VON BETHLEHEM

Der Polizeichef unterhält sich über Fido mit einem Mann in einer öffentlichen Zelle. Der Mann hat den Bildteil abgestellt und macht seine Stimme unkenntlich.

„Im *Privaten Universum* vermöbeln sie sich nach allen Regeln der Kunst."

Der Chef stöhnt. Das Festival hat kaum begonnen, und schon sind Sie wieder dran.

„Danke. Die Jungs sind unterwegs. Wie lautet Ihr Name? Ich würde Sie gerne für den Bürgerorden vorschlagen."

„Was! Daß die mich auch noch in die Mangel nehmen! Ich bin kein Spitzel, ich tue nur meine Pflicht. Außerdem kann ich Gobrinus und seine Kunden nicht ausstehen. Elendes Snob-Pack!"

Der Chef gibt den Aufruhrtruppen Einsatzbefehl, dann lehnt er sich zurück und trinkt ein Bier, während er die Operation über Fido mitverfolgt. Was ist eigentlich mit diesen Leuten los? Immer regen sie sich über irgend etwas auf.

Die Sirenen heulen. Obwohl die Polizisten inzwischen mit völlig geräuschlosen, elektronisch gesteuerten Dreirädern fahren, müssen sie die Kriminellen traditionsgemäß immer noch vorzeitig über ihr Kommen informieren. Fünf Streifen fahren vor der Tür zum *Privaten Universum* vor. Die Polizisten steigen aus und unterhalten sich. Ihre zweistöckigen, zylinderförmigen Helme sind schwarz mit roten Verzierungen. Aus unerfindlichen Gründen tragen sie Brillen, obwohl ihre Fahrzeuge nicht schneller als 25 km/h fahren können. Ihre Jacken sind schwarz und zerzaust wie der Pelz eines Teddybären. Riesige goldene Epauletten dekorieren ihre Schultern. Die kurzen Hosen sind elektrisch-blau und fellbesetzt, die hohen Stiefel glänzen schwarz. Sie tragen elektrische Schockstöcke und Gewehre, die Tränengaskapseln verschießen.

Gobrinus versperrt den Eingang. Sergeant O'Hara sagt: „Kommen Sie, lassen Sie uns rein. Nein, ich habe keinen Hausdurchsuchungsbefehl, aber ich werde einen bekommen."

„Wenn Sie den haben, dann lasse ich Sie rein", versichert Gobrinus. Er lächelt. So sicher es ist, daß der rote Faden der Regierungsbürokratie zu verwickelt war, um ihn zu ermutigen, weiterhin legal um eine Konzession für seine Taverne nachzusuchen, so sicher ist es auch, daß die Regierung ihn in diesem Fall beschützen wird. Eindringen in die Privatsphäre ist ein hartes Vergehen.

O'Hara schaut ins Innere, wo zwei Gestalten am Boden liegen, wo viele die Köpfe oder Taillen halten und Blut abwischen und wo Accipiter über allem thront und ein Gesicht macht wie ein Geier, der von Aas träumt. Einer der Liegenden erhebt sich auf alle viere und kriecht zwischen Gobrinus' Beinen hindurch ins Freie.

„Sergeant, verhaften Sie diesen Mann!" sagt Gobrinus. „Er trägt ein illegales Fido bei sich. Ich klage ihn des Eindringens in meine Privatsphäre an."

O'Haras Gesicht hellt sich auf. Wenigstens einen wird er verhaften können. Legrand wird in den Panzerwagen gesperrt, der kurz nach dem Krankenwagen ankommt. Roter Falke wird von seinen Freunden bis vor die Tür getragen. Als er auf einer Bahre zum Krankenwagen getragen wird, öffnet er die Augen und murmelt etwas.

O'Hara beugt sich über ihn. „Was?"

„Ich habe einmal nur mit dem Messer bewaffnet gegen einen Bären gekämpft, aber hinterher habe ich besser ausgesehen als mit diesen Fotzen da drinnen. Ich klage sie folgender Vergehen an: Überfall, Körperverletzung, Mordversuch und Verstümmelung."

O'Haras Versuche, Roter Falke einen Haftbefehl unterschreiben zu lassen, sind zum Scheitern verurteilt, weil dieser schon wieder ohnmächtig geworden ist. Er flucht. Als es Roter Falke wieder bessergeht, weigert er sich zu unterschreiben. Er möchte nicht, daß ihm die Mädels und ihre Typen hinterherkommen, schließlich ist er ja noch bei Verstand.

Legrand schreit und tobt durch das Fenster des Panzerwagens: „Ich bin ein Gummint-Agent! Sie können mich nicht verhaften!"

Die Polizisten erhalten einen dringenden Ruf zur Front des Festivals, wo ein Kampf zwischen hiesigen Jugendlichen und Eindringlingen von Westwood zu einem Aufruhr zu werden droht. Benedictine verläßt die Taverne. Ungeachtet mehrerer Schläge gegen Schultern und Magen, eines Tritts in den Hintern und eines Hiebs auf den Kopf, zeigt sie wenig Anzeichen dafür, daß sie ihren Fötus verlieren wird.

Chib, halb glücklich, halb traurig, sieht ihr nach. Er verspürt einen dumpfen Kummer darüber, daß man dem Baby das Lebensrecht verweigern wird. Mittlerweile hat er erkannt, daß ein Teil seiner Ablehnung des Schwangerschaftsabbruchs mit der Tatsache zusammenhängt, daß er sich teilweise mit dem Fötus identifiziert. Er weiß etwas, von dem Großpapa annimmt, daß er es nicht weiß: daß seine eigene Geburt nämlich auch ein Unfall war – im glücklichen oder im unglücklichen Sinne. Wäre es anders gekommen, dann wäre er nicht geboren worden. Der Gedanke an seine Nichtexistenz – kein Malen, keine Freunde, kein Gelächter, keine Hoffnung, keine Liebe – entsetzt ihn. Seine Mutter – im Suff häufig außerstande, auf empfängnisverhütende Mittel zurückzugreifen – hatte viele Abtreibungen, und er hätte eine davon sein können.

Während er Benedictine nachsieht, wie sie davontorkelt (ungeachtet ihrer zerrissenen Kleider), fragt er sich, was er eigentlich in ihr gesehen hat. Ein Leben mit ihr, auch mit Kind, wäre alles andere als angenehm geworden.

Im von Hoffnungsnesten durchzogenen Munde
Fliegt die Liebe erneut und läßt sich nieder,
Gurrt, blitzt mit gefiederter Glorie, plustert sich auf
Und fliegt dann scheißend davon,
Wie es bei den Vögeln üblich ist,
Um dem Start mehr Rückstoß zu verleihen.

Omar Runic

Chib geht nach Hause, kann aber immer noch nicht in sein Zimmer gehen. Er geht ins Vorratszimmer. Das Bild dort ist zu sieben Achteln fertig, wurde aber nicht ganz beendet, weil er unzufrieden damit ist. Nun nimmt er es und transportiert es zu Runics Haus, das sich im gleichen Stock befindet. Runic ist im Zentrum, er läßt allerdings immer alle Türen offen, wenn er nicht zu Hause ist. Er verfügt über die Ausrüstung, mit der Chib sein Bild vollenden kann, wobei er mit einer Effizienz arbeitet, die ihm anfangs bei diesem Bild fehlte. Dann verläßt er Runics Haus, wobei er die riesige Leinwand über sich hält.

Er geht an den Fußwegen und den gewundenen Streben mit den Ovalen am Ende vorbei. Er durchstreift mehrere Grünanlagen mit Bäumen, geht an weiteren Häusern vorbei und nähert sich nach zehn Minuten dem Herzen von Beverly Hills. Hier sieht der merkurische Chib

DREI BLEIERNE DAMEN IM GÜLDENEN NACHMITTAGE

die in einem Kanu auf dem Lake Issus rudern. Maryam bint Jussuf, ihre Mutter und ihre Tante halten lustlos Angelgerten, während sie zu den grellen Farben, der Musik und der vor dem Folklorezentrum versammelten Menge hinübersehen. Inzwischen haben die Polizisten die Jugendbanden entfernt und stehen herum, um sicherzustellen, daß keiner mehr Ärger macht.

Alle drei Frauen sind in die feierlichen, den ganzen Körper bedekkenden Kleider der mohammedanischen Wahhabi-Fundamentalistensekte gekleidet. Sie tragen allerdings keine Schleier, nicht einmal mehr die Wahhabi bestehen heute noch darauf. Ihre ägyptischen Schwestern am Ufer dagegen sind in moderne Gewänder gehüllt, beschämend und sündig. Trotzdem starren sie sie an.

Ihre Männer stehen an den Ausläufern der Menge. Sie sind wie die Scheichs der Fremdenlegion mit Bärten versehen und kostümiert, und sie zischen Verwünschungen und gurgelnde Proteste angesichts der würdelosen Zurschaustellung von Menschenfleisch. Doch auch sie starren gefesselt hin.

Diese kleine Gruppe wurde in den zoologischen Reservaten von Abbessinien gefaßt, wo man sie beim Zertrampeln von Blumen ertappte. Ihr Gummint ließ ihnen die Wahl zwischen drei Möglichkeiten: Gefangenschaft in einem Rehabilitationszentrum, wo man sie so lange behalten würde, bis anständige Bürger aus ihnen geworden wären, und, sollte es ihr ganzes Leben dauern, Emigration zur Megalopolis von Haifa, Israel. Oder Emigration nach Beverly Hills, LA.

Nun, unter den verfluchten Juden Israels ein karges Dasein fristen? Sie spien aus und entschieden sich für Beverly Hills. Und doch, Allah hatte ihrer gespottet! Nun waren sie umgeben von Finkelsteins, Applebaums, Siegels, Weintraubs und anderen nichtswürdigen Nachkommen des Stammes von Isaak. Schlimmer noch, Beverly Hills hatte nicht einmal eine Moschee. Entweder sie legten jeden Tag vierzig Kilometer zur Ebene sechzehn zurück, wo es eine Moschee gab, oder aber sie machten ihre Privatgemächer zur Moschee.

Chib hastet zum Rand des plastikgesäumten Sees, legt das Bild hin und zieht seinen etwas zerdrückten Hut. Maryam lächelt ihm zu – das Lächeln erlischt allerdings, als ihre beiden Anstandsdamen sie zur Ordnung mahnen.

„Ya kelb! Ya ibn kelb!“ rufen sie ihm zu.

Chib grinst sie an, schwenkt den Hut und sagt: „Gewiß entzückt, meine Damen. Oh, ihr drei Schönen erinnert mich an die Grazien.“

Und dann schreit er: „Ich liebe dich, Maryam! Ich liebe dich! Für mich bist du wie die Rose von Sharon. Wunderschön, klaräugig, jungfräulich! Eine Feste der Unschuld und Stärke, erfüllt von feuriger Mutterschaft und unerschütterlichem Glauben an die große Liebe! Ich liebe dich, du bist das einzige Licht an einem finsteren Firmament voller toter Sterne! Ich flehe dich über die Leere hinweg an!“

Maryam versteht Weltenglisch, aber der Wind verweht seine Worte. Sie lächelt einfältig, und Chib kann ein augenblickliches Gefühl des Zorns nicht unterdrücken, als wäre er verraten worden. Jedoch rappelt er sich noch einmal auf und ruft: „Ich lade dich ein, mit mir zur Ausstellung zu kommen! Du, deine Mutter und deine Tante, ihr werdet meine Gäste sein. Du kannst meine Gemälde ansehen, das Innere meiner Seele, und dann wirst du erkennen, welcher Mann dich auf dem Pegasus mit sich nehmen wird, mein Schwan!“

> Es gibt nichts Lächerlicheres als die verbalen Ausflüsse eines jungen und verliebten Poeten. Unglaublich übersteigert. Ich lache. Aber gleichzeitig bin ich gerührt. So alt ich bin, ich erinnere mich doch noch an meine erste Liebe, das Feuer, die Wortströme, die wie Blitze herniederfuhren und auf Schwingen entfleuchten. Liebste Gespielinnen, die meisten von euch sind tot, andere runzlig. Ich werfe euch meine Küsse zu.
>
> Großpapa

Maryams Mutter steht im Kanu auf, einen Augenblick kann Chib sie im Profil sehen, und er sieht das Abbild des Falken, zu dem Maryam werden wird, wenn sie das Alter ihrer Mutter erreicht hat. Derzeit hat Maryam ein sanftes Habichtsgesicht – „der Hieb des Schwertes der Liebe“ hat Chib diese Nase genannt. Kühn und wunderschön. Aber ihre Mutter sieht wie ein schmutziger alter Adler aus. Und ihre Tante – unadlerhaft, aber etwas Kamelhaftes in den Zügen.

Chib unterdrückt die ungebührlichen, sogar verräterischen Vergleiche. Die drei bärtigen, berobten und ungewaschenen Männer, die ihn umzingelt haben, kann er allerdings nicht unterdrücken.

Chib sagt lächelnd: „Ich kann mich nicht erinnern, Sie eingeladen zu haben.“

Sie sehen ihn verständnislos an, da rasch gesprochenes Englisch mit LA-Akzent ein Kuddelmuddel für sie ist. Abu – allgemeiner Name für alle Ägypter in Beverly Hills – stößt einen Fluch hervor, der so uralt ist, daß er sogar den Bewohnern Mekkas vor Mohammed bekannt war. Er ballt die Faust. Ein anderer Araber geht auf das Bild zu und hebt einen Fuß, als wollte er dagegen treten.

In diesem Augenblick erkennt Maryams Mutter, daß es ebenso gefährlich ist, in einem Kanu zu stehen, wie auf einem Kamel. Noch schlimmer, denn die drei Frauen können nicht schwimmen.

Das kann auch der Araber mittleren Alters nicht, der Chib angreift, doch dessen Opfer zur Seite tritt und ihn dann mit ausholendem Schwung ins Wasser wirft, indem er ihm einen Tritt in den Hintern verpaßt. Einer der jungen Männer eilt auf Chib zu, der andere tritt gegen das Bild. Beide verharren, da die drei Frauen schreien und dann allesamt ins Wasser fallen.

Dann rennen die beiden ans Ufer des Sees, wo sie ebenfalls ins Wasser gehen, da Chibs beide Hände sie kräftig in den Rücken stoßen. Ein Ordnungshüter hört den Lärm, den die sechs verursachen, und eilt auf sie zu. Chib macht sich Sorgen, weil Maryam anscheinend Schwierigkeiten hat, sich über Wasser zu halten.

Chib versteht nicht, warum das allen so zu gehen scheint. Ihre Füße müssen den Grund berühren, das Kinn aller ist über der Wasseroberfläche. Trotzdem sieht Maryam aus, als würde sie untergehen. Die anderen auch, aber die interessieren Chib nicht. Er sollte zu Maryam schwimmen. Tut er das, muß er sich allerdings noch einmal umziehen, ehe er zur Ausstellung gehen kann.

Bei diesem Gedanken lacht er, er lacht laut und dann sogar noch lauter, als der Ordnungshüter ins Wasser springt, um die drei Frauen zu retten. Er nimmt sein Bild und geht lachend weiter. Doch noch bevor er am Zentrum ankommt, wird er wieder ernst.

„Wie kommt es nur, daß Großpapa so recht hatte? Wie kann er mich so treffend durchschauen? Bin ich ein Hitzeblitz und zu oberflächlich? Nein, ich war nur zu oft zu sehr verliebt. Kann ich etwas dafür, wenn ich die Schönheit liebe und die Schönen, die ich liebe, nicht genügend Schönheit haben? Mein Auge ist so kritisch, es verdrängt die Wünsche meines Herzens."

DAS MASSAKER DES UNSCHULDIGEN

Die Eingangshalle (eine von zwölf), die Chib betritt, wurde von Großpapa Winnegan entworfen. Der Besucher betritt eine lange, gekrümmte Röhre, die mit Spiegeln in verschiedenen Winkeln gesäumt ist. Am Ende des Korridors sieht er eine dreieckige Tür. Das Tor scheint so klein, daß maximal ein Neunjähriger eintreten kann. Die Illusion erweckt in dem Besucher den Eindruck, an der Wand hochzugehen, während er weiterschreitet. Am Ende der Röhre ist der Besucher überzeugt, auf dem Dach zu stehen.

Doch das Tor wird beim Nähergehen immer größer, bis es schließlich riesig erscheint. Kommentatoren haben schon gemutmaßt, daß es sich hier um eine symbolische Präsentation der Pforte zur Kunst handelt. Man sollte auf dem Kopf stehen, ehe man das Wunderland der Ästhetik betreten darf.

Nach dem Hineingehen denkt der Besucher zunächst, daß der riesige Raum verkehrt, daß sein Inneres nach außen gekehrt ist. Er wird noch benommener. Die gegenüberliegende ferne Wand scheint eigentlich die nahe Wand zu sein, bis der Besucher sich neu orientiert hat. Manche können sich gar nicht daran gewöhnen und müssen wieder hinaus, wenn sie nicht ohnmächtig werden wollen.

Zur Rechten befindet sich ein Hutständer mit der Aufschrift *HÄNGEN SIE IHREN KOPF HIER AUF.* Ein doppelter Scherz von Großpapa, der seine Scherze für die meisten Menschen immer zu weit treibt. Aber wenn Großpapa die Grenzen des sprachlichen guten Geschmacks überschreitet, so hat sein Urenkel mit seinen Bildern bereits die Mondumlaufbahn hinter sich gelassen. Dreißig seiner letzten sind ausgestellt worden, darunter auch die letzten drei seiner Hundeserie: *Hundestern, Der bunte Hund* und *Ein Kuß auf den Hund.* Ruskinson und seine Schüler drohen, die Schau platzen zu lassen. Luscus und seine Herde lobpreisen, aber sie sind zurückhaltend. Luscus hat ihnen befohlen, erst dann voll auszupacken, nachdem er mit dem jungen Winnegan gesprochen hat. Die Fidomänner eilen emsig hin und her und versuchen, einen Streit vom Zaun zu brechen.

Der zentrale Raum des Gebäudes ist eine riesige Halbkugel mit heller Decke, die alle neun Minuten einmal alle Farben des Spektrums durchläuft. Der Boden ist ein übergroßes Schachbrett, im Zentrum eines jeden Feldes befindet sich das Gesicht eines hervorragenden Künstlers. Michelangelo, Mozart, Balzac, Zeuxis, Beethoven, Li Po, Twain, Dostojewski, Farmisto, Mbuzi, Cupel, Krischnagurti usw. Zehn Felder sind gesichtslos, so daß zukünftige Generationen ihre eigenen Anwärter für die Unsterblichkeit hinzufügen können.

Der untere Teil der Wand ist mit Fresken bemalt, die bedeutende Ereignisse im Leben der Künstler darstellen. Neun Bühnen befinden sich an der gekrümmten Wand, für jede der Musen eine. Über jeder Bühne residiert die Statue einer Gottheit. Sie alle sind nackt und haben überreife Figuren: große Brüste, breite Hüften, kräftige Beine, als hätte der Künstler sie für erdverbundene Göttinnen gehalten und nicht für abgeklärte Intellektuelle.

Die Gesichter sind im wesentlichen geformt wie die glatten und anmutigen Gesichter griechischer Göttinnen, aber um Mund und Augen herum haben alle einen rastlosen Ausdruck. Die Lippen lächeln zwar, scheinen aber jederzeit bereit, sich zu höhnischen Fratzen zu verziehen. Die Augen sind tief und drohend.

TREIBT KEINEN AUSVERKAUF MIT UNS, scheinen sie zu sagen. *DENN SONST...*

Über jeder Bühne befindet sich eine transparente Plastikkuppel, die verhindert, daß alle, die sich nicht unter dieser befinden, einen Laut hören können, was auch umgekehrt gilt.

Chib bahnt sich durch die lärmende Menge einen Weg zur Bühne der Polyhymnia, jener Muse, in deren Einflußbereich auch das Malen fällt. Er geht an der Bühne vorüber, auf der Benedictine steht und ihr bleiernes Herz in einem Strom goldener Noten überfließen läßt. Sie sieht Chib und schafft es irgendwie, ihn zornig anzufunkeln, gleichzeitig aber ihrem Publikum ein freundliches Gesicht zu wahren. Chib achtet nicht weiter auf sie, bemerkt aber, daß sie das in der Taverne zerrissene Kleid gewechselt hat. Er sieht aber auch, daß viele Polizisten in dem Gebäude stationiert sind. Die Menge ist aber kaum explosiver Stimmung. Alle scheinen glücklich bis ausgelassen zu sein. Aber die Polizisten wissen, wie trügerisch das sein kann. Ein Funke...

Chib geht an der Bühne von Calliope vorbei, wo Omar Runic rezitiert. Er steht vor der Polyhymnias, nickt Luscus zu, der ihm winkt, und befördert das Bild auf die Bühne. Es trägt den Titel *Das Massaker des Unschuldigen* (Untertitel: *Der Hund in der Mangel*).

Das Bild beschreibt einen Stall.

Der Stall ist eine Grotte mit seltsam geformten Stalaktiten. Das gebrochene Licht in der Höhle ist Chibs Rot. Es dringt in alle Objekte ein, verdoppelt seine Intensität und wird verstärkt wieder abgestrahlt. Der Besucher, der von einer Seite zur anderen geht, um sich ein vollständiges Bild zu machen, kann tatsächlich die vielen Lichtebenen erkennen, während er sich bewegt, und so kann er auch Gestalten unter der externen Gestalt ausmachen.

Die Kühe, Schafe und Pferde befinden sich in Ställen am Ende der Höhle. Einige sehen entsetzt zu Maria und dem Kind. Andere haben den Mund aufgerissen, offensichtlich, um Maria zu warnen. Chib hat sich die Legende zunutze gemacht, der zufolge die Tiere in jener Nacht sprechen konnten, als Christus geboren wurde.

Josef, ein müder alter Mann, der so zusammengekauert ist, daß er kein Rückgrat mehr zu besitzen scheint, sitzt in einer Ecke. Er hat zwei Hörner aufgesetzt bekommen, aber jedes hat einen Heiligenschein, also geht es in Ordnung.

Mary hat dem Strohbündel den Rücken gekehrt, wo eigentlich das

Kind liegen müßte, während ein Mann durch eine Falltür von unten emporsteigt und ein großes Ei auf das Stroh legt. Er befindet sich in einer Höhle unter der Höhle und trägt moderne Kleidung, seine Miene ist bösartig, und er ist, wie Josef, so zusammengekauert, als hätte er kein Rückgrat. Hinter ihm hält eine dicke Frau, die Chibs Mutter seltsam ähnelt, das Kind in Händen, das der Mann ihr gegeben hat, ehe er das Findlingsei auf das Stroh legte.

Das Baby hat ein hübsches Gesicht, das vom Glühen des Heiligenscheins erhellt wird. Die Frau hat ihm den Heiligenschein vom Kopf genommen und benützt ihn, um das Kind damit zu schlachten.

Chib verfügt über ein ausgezeichnetes anatomisches Wissen, denn während seiner Studienzeit an der Uni von Beverly Hills hat er eine ganze Menge Leichen seziert, bis er seinen Doktortitel hatte. Der Körper des Kindes ist nicht unnatürlich in die Länge gezogen, wie das bei vielen Figuren von Chib der Fall ist. Er gleicht schon fast der Fotografie eines wirklichen Babys. Durch ein großes, blutiges Loch sind die Eingeweide zu sehen.

Die Zuschauer sind vor Entsetzen starr, als wäre dies nicht ein Gemälde, sondern ein wirkliches Kind, das sie verstümmelt und mit heraushängenden Eingeweiden beim Verlassen des Hauses auf ihrer Schwelle gefunden haben.

Das Ei hat eine halbtransparente Schale. Im gelben Dotter schwebt ein böser kleiner Teufel, Hörner, Hufe, Schwanz. Seine verschwommenen Züge erinnern an die von Henry Ford oder Onkel Sam. Wenn Betrachter sich von einem Bein aufs andere bewegen, dann tauchen die Züge weiterer Persönlichkeiten auf: Prominente der Entwicklung zur modernen Gesellschaft.

Vor dem Fenster drängen sich wilde Tiere, die zum Anbeten gekommen sind, doch nun schreien sie wortlos und entsetzt hinter der Scheibe. Die Tiere im Vordergrund gehören allen Arten an, die von den Menschen ausgerottet wurden oder nur noch in Zoos und Naturschutzgebieten überleben konnten. Die Dronte, der Blauwal, die Wandertaube, der Quagga, der Gorilla, der Orang-Utan, der Polarbär, der Puma, der Löwe, der Tiger, der Grizzlybär, der kalifornische Kondor, Känguruh, Wombat, Rhinozeros, Adler.

Im Hintergrund haben sich auf einem Hügel tasmanische Ureinwohner und haitische Indianer eingefunden.

„Wie lautet Ihre Meinung zu diesem bemerkenswerten Bild, Doktor Luscus?“ fragt ein Fidointerviewer.

Luscus lächelt und sagt: „Ich werde Ihnen in wenigen Minuten ein fachgerechtes Urteil abgeben können. Vielleicht sollten Sie sich zuerst mit Doktor Ruskinson unterhalten. Er scheint sich bereits eine Meinung gebildet zu haben. Sie wissen ja, Kinder und Narren ...“

Ruskinsons rotes Gesicht und seine Schreie werden über Fido übertragen.

„Die Scheiße geht um die ganze Welt“, sagt Chib laut.

„BELEIDIGUNG! RAMSCH! PLASTIKMIST! EIN SCHLAG INS ANGESICHT DER KUNST UND EIN TRITT IN DEN UNTERLEIB DER MENSCHHEIT! BELEIDIGUNG! BELEIDIGUNG!“

„Warum ist es denn so eine Beleidigung, Dr. Ruskinson? Weil es sowohl den christlichen wie auch den panamoritischen Glauben verspottet?“ fragt der Fidointerviewer. „Ich habe diesen Eindruck nicht. Mir scheint, daß Winnegan versucht, die Menschheit vor einem pervertierten Christentum zu retten, vielleicht vor allen Religionen und Idealen, die nur auf der Gier der Selbstbereicherung aufgebaut sind. Er will sagen, daß der Mensch im Grunde genommen ein Killer und Perverser ist. Selbstverständlich sehe nur ich das darin, aber ich bin schließlich nur ein biederer Angestellter und ...“

„Überlassen Sie die Beurteilung den Kritikern, junger Mann!“ schnappt Ruskinson. „Haben Sie etwa einen zweifachen Doktortitel, einen in Psychiatrie und einen in Kunstgeschichte? Wurden Sie von der Regierung mittels Zertifikat als Kritiker zugelassen?

Winnegan, der überhaupt kein Talent hat, geschweige denn das Genie, das ihm gewisse dickschädelige Tunten bescheinigen, dieser Auswurf von Beverly Hills, stellt hier seinen Schrott aus – einen wertlosen Mischmasch, der einzig und allein wegen einer neuen Technik Aufsehen erregt hat, die jeder Elektronikspezialist hätte erfinden können. Ich bin betroffen darüber, daß eine so billige Neuheit, ein Taschenspielertrick, nicht nur weite Kreise der Öffentlichkeit, sondern auch so gutausgebildete und anerkannte Kritiker wie Dr. Luscus hier narren kann ... obwohl es natürlich immer wieder Künstleresel geben wird, die so lauthals, pompös und verschwommen plärren, daß ...“

„Ist es denn nicht so“, unterbricht ihn der Fidomann, „daß viele Maler, die wir heute zu den größten rechnen, beispielsweise Van Gogh, von ihren zeitgenössischen Kritikern verurteilt oder völlig mißachtet worden sind? Und ...“

Der Fidomann, der darauf spezialisiert ist, um seiner Zuschauer willen Zorn zu erzeugen, verstummt. Ruskinson bläht sich auf, sein Kopf erinnert an ein kurz vor dem Aufplatzen stehendes Blutgefäß.

„Ich bin kein biederer Angestellter!" schreit er. „Und ich kann nichts dafür, daß es auch schon in der Vergangenheit solche Luscusse gegeben hat! Ich weiß, wovon ich spreche! Winnegan ist nur ein Mikrometeorit am Himmel der Kunst, der es eigentlich nicht wert ist, den Großen der Malerei auch nur die Schuhe zu polieren. Sein Ruf wurde von einer gewissen Clique künstlich aufgebläht, so daß er nun in reflektiertem Glanz erstrahlt, die Hyäne, die die Hand beißt, welche sie füttert, kleine Hunde ..."

„Bringen Sie Ihre Metaphern nun nicht ein wenig durcheinander?" fragt der Fidomann.

Luscus nimmt Chib sanft bei der Hand und zieht ihn beiseite, wo sie außerhalb der Reichweite der Fidokameras sind.

„Liebling, Chib", flötet er, „nun ist die Zeit gekommen, dich zu artikulieren. Du weißt, wie sehr ich dich liebe, nicht nur als Künstler, sondern um deiner selbst willen. Es muß dir doch mittlerweile unmöglich geworden sein, die tiefen Sympathievibrationen weiterhin zu mißachten, die sich ungehindert zwischen uns ausbreiten. Großer Gott, wenn du doch nur wüßtest, wie ich von dir geträumt habe, mein glorreicher, gottgleicher Chib ..."

„Wenn Sie meinen, daß ich nun ja sage, weil Sie die Macht haben, meinen Ruf aufzubauen oder zu zerstören und mir die Unterstützung zu verweigern, dann haben Sie sich getäuscht", sagt Chib. Er entzieht ihm die Hand.

Luscus' sehendes Auge starrt ihn an. „Findest du mich denn unattraktiv?" sagt er fassungslos. „Gewiß nicht aus moralischen Gründen ..."

„Es geht ums Prinzip", sagt Chib. „Selbst wenn ich Sie lieben würde, was nicht der Fall ist, würde ich es nicht zulassen, daß Sie mit mir ins Bett steigen. Ich möchte einzig aufgrund meines künstlerischen Stellenwertes beurteilt werden. Und da wir gerade dabei sind – das Urteil anderer ist mir völlig egal. Ich möchte weder von Ihnen noch von sonstwem Lobhudeleien oder Verwünschungen anhören. Schaut euch meine Bilder an und unterhaltet euch miteinander, ihr Schakale. Aber erwartet nicht, daß ich den Bildern zustimme, die ihr euch von mir macht."

NUR EIN TOTER KRITIKER IST EIN GUTER KRITIKER

Omar Runic hat seine Bühne verlassen und steht nun vor Chibs Bildern. Er legt eine Hand auf seine entblößte linke Brust, auf die ein Bild Herman Melvilles tätowiert ist. Den Ehrenplatz auf der rechten Brust nimmt Homer ein. Er brüllt laut, seine schwarzen Augen erinnern an Ofentüren, die von einer Explosion aufgerissen wurden. Wie schon oft zuvor, überkommt ihn beim Anblick von Chibs Bildern eine Inspiration.

„Nennt mich Ahab, nicht Ismael.
Denn ich habe den Leviathan gefangen.
Ich bin das Füllen des wilden Esels, den Menschen geboren.
Ho! Meine Augen haben alles geschaut!
Mein Busen gleicht einem Weinfaß ohne Spundloch.
Ich bin ein Meer mit Türen, die verschlossen sind.
Obacht! Die Haut wird reißen, und die Türen werden bersten!

Du bist Nimrod, sage ich zu meinem Freund Chib.
Die Stunde ist gekommen, da Gott zu seinen Engeln spricht:
Wenn er das schon am Anfang vollbringen kann,
So ist ihm nichts unmöglich.
Er wird vor den Pforten des Himmels
In sein Horn stoßen und verlangen nach
Dem Mond als Geißel, der Jungfrau zu seiner Frau,
Und er wird seinen Anteil verlangen vom Profit
Der Großen Hure von Babylon."

„Bringt den Hurensohn zum Schweigen!" brüllt der Direktor des Festivals. „Er wird einen Aufstand anzetteln so wie letztes Jahr auch!"

Die Ordnungshüter stürmen herein. Chib beobachtet Luscus, der sich mit einem Fidomann unterhält. Chib kann Luscus nicht hören, ist sich aber sicher, daß dieser keine Komplimente über ihn verbreitet.

„Schon lange vor meiner Geburt schrieb Melville.
Ich aber bin der Mann, der verstehen will
Das Universum, aber nach meinen Werten verstehen.
Ich bin Ahab, dessen Haß zerschellen und bröckeln muß.

Alle Hindernisse von Zeit, Raum und Thema,
Von Sterblichkeit müssen überwunden werden.
Ich bohre meinen Glühstrumpf in den Schoß der Schöpfung
Und schrecke auf in seiner Zuflucht,
Was immer Unbekanntes sich dort verbergen mag,
Fern, unnahbar, unenthüllt."

Der Direktor bedeutet den Polizisten, Runic zu entfernen. Ruskinson brüllt immer noch, die Kameras schwenken aber abwechselnd zu Luscus und Runic. Eine der Jungen Rettiche, Huga Wells-Erb Heinsturbury, die Science Fiction-Autorin, wird von einer durch Runics Stimme verursachten Hysterie geschüttelt, die bald in Rachegelüste umschlägt. Sie wirft sich auf einen Fidomann von *Time*. *Time* ist schon lange kein Magazin mehr, weil es gar keine Magazine mehr gibt, sondern wurde zu einem von der Regierung subventionierten Kommunikationsbüro. *Time* ist ein Beispiel für die Linke-Hand-rechte-Hand-Hände-weg!-Politik von Onkel Sam, der Kommunikationsbüros mit allem bestückt, was sie brauchen, den Büroangestellten aber gleichzeitig erlaubt, die Politik des Büros selbst zu bestimmen. So lassen sich Regierungsunterstützung und Pressefreiheit auf einen Nenner bringen. In der Theorie ist das ausgezeichnet.

Time hat sich vieles von seiner ursprünglichen Politik bewahrt, und die lautete: Wahrheit und Objektivität müssen feinsinnigen Witzeleien geopfert werden, und Science Fiction ist in jedem Falle zu verreißen. *Time* hat fast alle Romane von Heinsturbury niedergemacht, und nun macht sie sich daran, für den Schmerz der ungerechten Besprechungen Rache zu nehmen.

„*Quid nunc? Cui bono?*
Zeit? Raum? Materie? Unfall?
Wenn du stirbst . . . Hölle? Nirwana?
Nichts heißt, nichts zu denken.
Die Kanonen der Philosophie ballern.
Ihre Geschosse sind Blindgänger.
Die Munitionslager der Theologie werden
Vom Saboteur Vernunft gesprengt.

Nennt mich Ephraim, denn ich wurde gehalten,
Und das Ford Gottes konnte nicht die Zischlaute

Erzeugen, um mich durchzulassen.
Nun, ich kann Shibboleth nicht aussprechen,
Aber für Scheiße reicht es noch!"

Huga Wells-Erb Heinsturbury tritt den Fidomann von *Time* in die Eier. Er wirft die Arme in die Höhe und schleudert die footballförmige und footballgroße Kamera fort. Sie trifft einen Jugendlichen am Kopf. Der Jugendliche ist ein Junger Rettich, Ludwig Euterpe Mahlzart. Er ist wütend, weil sein vertontes Gedicht *Entzündet den Stoff künftiger Höllen* durchgefallen ist, daher ist bei ihm die Kamera der Tropfen, der das Faß zum Überlaufen bringt. Er schlägt dem obersten Musikkritiker eine in den fetten Wanst.

Huga, nicht der Mann von *Time,* schreit vor Schmerz laut auf. Ihre bloßen Zehen sind gegen den Plastikschutz geprallt, den der Mann bei solchen Anlässen immer trägt, weil ihm so etwas nicht zum ersten Mal passiert und er darauf bedacht ist, seine Genitalien zu schützen. Huga hüpft auf einem Fuß herum, während sie den verletzten anderen in den Händen hält.

Sie prallt gegen ein Mädchen, woraufhin es zu einer Kettenreaktion kommt. Ein Mann fällt gegen den Mann von *Time,* der sich gerade über seine Kamera gebeugt hat.

„Ahaaaa!" schreit Huga, reißt dem Mann von *Time* den Helm vom Kopf und schlägt ihm mit der Kameraoptik auf den Schädel. Da die solide verarbeitete Kamera immer noch filmt, bekommen die Zuschauer daheim einige einzigartige, wenngleich auch ein wenig verschwommene Bilder zu sehen. Blut verbirgt einen Teil dieser Bilder, aber es ist nicht soviel, daß den Zuschauern etwas entgehen würde. Und dann bekommen sie noch einige ungeahnte Bilder zu sehen, während die Kamera ein zweites Mal durch die Luft fliegt und sich mehrfach dreht.

Ein Ordnungshüter hat ihr die Mündung seines Schockstabes in den Rücken gebohrt, so daß sie nun erstarrt und die Kamera in hohem Bogen hinter sich schleudert. Hugas derzeitiger Liebhaber ringt mit dem Bullen, sie wälzen sich am Boden. Ein Jugendlicher von Westwood nimmt den Schockstab auf und vertreibt sich die Zeit auf angenehme Weise, indem er die Erwachsenen ringsumher unter Feuer nimmt, doch dann wird er von einem hiesigen Jugendlichen aus den Socken gehoben.

„Aufstände sind das Opium des Volkes!" ruft der Polizeichef. Er

beordert alle Einheiten herein und gibt einen Ruf an den Polizeichef von Westwood durch, der allerdings seine eigenen Probleme hat.
Runic schlägt sich gegen die Brust und heult.

„Sir, ich existiere! Und erzählt mir nicht,
Wie Crane, daß dies allein Schöpfung bedeutet.
Keine Schmeicheleien für mich.
Ich bin ein Mann, ich bin einzigartig.
Ich habe das Brot aus dem Fenster geworfen,
In den Wein gepißt und den Stöpsel
Ganz unten in der Arche herausgezogen. Ich habe
Den Baum zu Feuerholz gefällt, und, gäbe es einen
Heiligen Geist, ich würde ihn fertigmachen.
Aber ich weiß, daß dies alles,
Gottverdammich, nichts bedeutet.
Nichts bedeutet nichts,
Ist ist ist, und nicht-ist ist nicht ist-nicht,
Eine Rose ist eine Rose,
Wir sind hier und werden nicht sein,
Und das ist alles, was wir wissen können!"

Ruskinson sieht Chib auf sich zukommen, krächzt und versucht zu fliehen. Chib nimmt die Leinwand von *Dogmen einer Dogge* und schlägt Ruskinson damit auf den Kopf. Luscus protestiert entsetzt, aber nicht wegen der möglichen Verletzungen Ruskinsons, sondern wegen des Schadens, den das Bild nehmen könnte. Chib wirbelt herum und rammt Luscus das Ende des ovalen Bildes in den Magen.

„Die Erde schlingert wie ein sinkendes Schiff,
Ihr Rücken bricht fast unter der Last
Der Exkremente von Himmel und Hölle,
Die Gott in Seiner schrecklichen Freigiebigkeit
Fallen ließ, als er Ahab schreien hörte:
Scheiße! Scheiße!

Ich weine bei dem Gedanken, daß dies der Mensch ist
Und dies sein Ende. Doch wartet!
Auf der Woge der Flut tanzt ein Dreimaster
Von überkommenem Äußeren. Der Fliegende Holländer!

Und auch Ahab steht wieder auf dem Deck eines Schiffes.
Lacht, ihr Schicksalsgöttinnen, und spottet, ihr Nornen!
Denn ich bin Ahab, und ich bin ein Mensch,
Und wenn ich auch kein Loch brechen kann
Durch die Wand dessen, Was erscheint,
Hinüber zu dem, Was ist, um eine Handvoll zu holen,
So werde ich doch weitergraben.
Meine Mannschaft und ich werden nicht aufgeben,
Wenn auch die Planken unter unseren Füßen bersten
Und wir sinken und ununterscheidbar werden vom
Allgegenwärtigen Exkrement.

Einen Augenblick, der ewig
Im Auge Gottes brennen wird, steht Ahab
Schattenhaft vor dem Leuchten des Orion,
Mit geballter Faust, ein blutiger Phallus,
Wie Zeus, der die Trophäe der Entmannung
Seines Vaters Kronos in Händen hält.
Doch dann kippt sein Schiff samt
Mannschaft und fällt Bug voraus über den
Rand der Welt. Und nach allem, was man hört,
Sind sie immer noch im F
a
l
l
e
n

Chib wird durch den Strahl eines elektrischen Aufruhrstabs von einem Bullen in eine zuckende Masse verwandelt. Während er sich davon erholt, hört er die Stimme seines Urgroßvaters im Sender in seinem Hut.

„Chib, komm rasch! Accipiter ist hier eingedrungen und versucht, durch die Tür meines Zimmers zu gelangen!"

Chib steht auf und drängt und erkämpft sich einen Weg zum Ausgang. Als er keuchend im Haus ankommt, muß er feststellen, daß die Tür zu Großpapas Zimmer offen ist. Accipiter steht zitternd und bleich in der Mitte. Die IRB-Männer und Elektrotechniker stehen im Flur. Chib stürmt in Großpapas Zimmer. Accipiter ist ein Bündel

Nervosität. Er sieht Chib, weicht zurück und beteuert: „Es war nicht meine Schuld. Ich mußte hier eindringen. Nur so konnte ich Gewißheit erlangen. Es war nicht meine Schuld. Ich habe ihn nicht angerührt."

Chibs Kehle ist wie zugeschnürt. Er kann nicht sprechen. Er kniet nieder und nimmt Großpapas Hand. Ein sanftes Lächeln umspielt Großpapas Lippen. Nun ist er Accipiter für immer entkommen. In der Hand hält er das letzte Blatt seines Manuskripts.

DURCH BALAKLAVAS DES HASSES NÄHERN SIE SICH GOTT

Den größten Teil meines Lebens habe ich nur wenige Gläubige, dafür aber viele Gleichgültige gesehen. Aber ein neuer Geist macht sich breit. Viele junge Männer und Frauen haben nicht die Liebe zu Gott neu entdeckt, sondern eine tiefe Abneigung gegen Ihn. Das entzückt mich und gibt mir neuen Mut. Jugendliche wie mein Urenkel und Runic brüllen Lästerungen gegen Ihn hinaus, und damit verehren sie Ihn. Würden sie nicht glauben, so würden sie überhaupt nicht an Ihn denken. Nun kann ich endlich wieder hoffnungsvoll in die Zukunft schauen.

DURCH DEN STYX ZU DEN STICKS

Chib und seine Mutter gehen schwarzgekleidet zum Röhreneingang nach Ebene 13 B. Diese ist weitläufig, erleuchtet, die Benutzung ist umsonst. Chib teilt dem Fahrkartenfido ihr Ziel mit. Hinter der Wand rechnet ein Proteincomputer, kaum größer als ein menschliches Gehirn, rasch alles durch. Dann fällt eine codierte Fahrkarte aus dem Schlitz. Chib nimmt das Ticket, dann gehen sie zum Bahnsteig, wo er das Ticket in einen Schlitz steckt. Dort kommt eine andere Karte heraus, und eine mechanische Stimme wiederholt die Informationen auf der Fahrkarte in Welt- und LA-Englisch, falls sie sie nicht entziffern können.

Gondeln schießen auf den Bahnsteig und bremsen. Sie schweben reifenlos auf einem ständig ausgeglichenen und ausbalancierten Gravitationsfeld. Sektionen des Bahnsteigs gleiten zurück, um Häfen für die Gondeln zu bilden. Die Passagiere steigen in die ihnen reservierten Käfige. Die Käfige gleiten nach vorn, ihre Türen öffnen sich automatisch. Die Passagiere besteigen die Gondeln. Sie setzen sich hin und warten, während die Sicherheitsgitter über ihnen einrasten. Aus den Vertiefungen der Karosserien steigen Plastikscheiben empor, die eine Halbkugel formen.

Die vollautomatischen und von Proteincomputern auf ihre Sicherheit überwachten Gondeln warten, bis der Bahnsteig frei ist. Wenn sie das Startsignal empfangen, dann setzen sie sich langsam in Bewegung und gleiten in die Röhre hinein. Dort verharren sie, während binnen Mikrosekunden eine weitere Überprüfung stattfindet. Dann schießen sie rasch in die Röhre hinein.

Wusch! Wusch! Andere Gondeln passieren. Die Röhre glüht gelblich, als wäre sie mit elektrifiziertem Gas gefüllt. Die Gondel beschleunigt rasch. Einige überholen zwar noch, aber Chibs Gondel wird schließlich so schnell, daß keine andere mehr mithalten kann. Das Heck einer Gondel vor ihm ist wie eine schimmernde Scheibe, die er erst dann einholen kann, wenn sie bremst und in ihren Zielbahnhof einläuft. Es sind nicht viele Gondeln in der Röhre. Die Nord-Süd-Route ist, ungeachtet der nach 100 Millionen zählenden Bevölkerung, nur wenig befahren. Die meisten Bewohner LAs bleiben in den Wänden ihrer Wohnungen. In den Ost-West-Röhren ist der Verkehr etwas dichter, da viele die öffentlichen Badestrände am Meer den kleinen Swimming-pools vorziehen.

Das Fahrzeug schießt dröhnend nach Süden. Nach wenigen Minuten verläuft die Röhre plötzlich abwärts, in einem Winkel von fünfundvierzig Grad zur Horizontalen geneigt. Ebene um Ebene bleibt zurück.

Chib kann die Menschen und die Architektur anderer Städte durch die transparenten Wände erkennen. Ebene 8, Long Beach, ist interessant. Die Häuser sehen wie aufeinandergeschichtete Kuchenplatten aus Quarz aus, eine auf der anderen, offenes Ende auf offenem Ende, die Einheit ist auf einer Säule mit geschnitzten Gestalten errichtet, die Zufahrtsstraße ist eine freischwebende Strebe.

Auf Ebene 3 A verläuft die Röhre wieder eben. Nun rast die Gondel an Besitzungen vorbei, angesichts deren Anblick Mama die Augen schließen muß. Chib drückt die Hand seiner Mutter und denkt an den Halbbruder und die Vettern und Kusinen, die sich hinter dem gelblichen Kunststoff befinden. In dieser Ebene sind fünfzehn Prozent der Bevölkerung untergebracht, die Zurückgebliebenen, die unheilbar Irrsinnigen, die zu Häßlichen, die Monstrositäten, die Altersschwachen und Senilen. Dort drängen sie sich zusammen, die leeren, ausdruckslosen oder verzerrten Gesichter gegen die Wandungen der Röhren gepreßt, um die schönen Gondeln vorüberschweben zu sehen.

Eine „humanitäre" Medizin hält alle Babys am Leben, die eigentlich – nach dem Willen der Natur – sterben sollten. Seit dem zwanzigsten Jahrhundert werden Menschen mit defekten Genen am Leben erhalten. Daher können diese Gene sich auch ungehindert ausbreiten. Das Tragische ist, daß die Wissenschaft inzwischen soweit ist, daß defekte Gene in Ovum und Sperma korrigiert werden können. Theoretisch könnten alle Menschen mit völlig gesunden Körpern und physisch perfekten Gehirnen gesegnet sein. Das Problem ist jedoch, daß wir nicht genügend Ärzte haben, um mit der Geburtenrate fertig zu werden, obwohl diese Rate ständig weiter sinkt.

Die Medizin hält die Menschen auch so lange am Leben, daß sie hoffnungslos senil werden. Daraus resultiert eine immer größer werdende Anzahl sabbernder, hirnloser Narren. Gleichzeitig eine ständig zunehmende Zahl von Geisteskrankheiten. Es gäbe genügend Therapien und Drogen, um die meisten davon wieder zum „Normalzustand" zurückzubringen, aber bei weitem nicht genug Ärzte und Räumlichkeiten. Eines Tages ist das vielleicht anders.

Was sollen wir jetzt tun? Die alten Griechen setzten kranke Kinder in den Feldern aus, damit sie starben. Die Eskimos schickten ihre Alten auf Eisschollen auf die Reise. Sollen wir unsere abnormen Kinder und Alten vergasen? Manchmal halte ich das für die gnädigste Methode. Aber ich kann von niemandem verlangen, daß er den Knopf drückt, den ich selbst niemals drücken würde.

Ich würde den ersten erschießen, der danach greift.

aus Großpapas *Privaten Ergüssen*

Die Gondel nähert sich einer der seltenen Kreuzungen. Die Passagiere sehen der breiten Röhre zu ihrer Rechten in den Rachen. Ein Expreß rast auf sie zu, ragt vor ihnen auf. Kollisionskurs. Sie wissen es besser, können aber nicht verhindern, daß sie das Sicherheitsgitter umklammern, mit den Zähnen knirschen und die Beine einziehen. Mama kreischt sogar leise. Dann donnert das Fahrzeug über ihnen dahin, das Kreischen der Luft wie das einer armen Seele auf dem Weg zur Verbannung in die Unterwelt.

Die Röhre sinkt wieder, bis sie schließlich auf Ebene 1 ausläuft. Sie sehen das Rund unter ihnen und die massiven, selbstregulierenden Stützpfeiler, auf denen die Megalopolis ruht. Sie überfliegen eine kleine Stadt, die das LA des einundzwanzigsten Jahrhunderts als Museum bewahrt hat, eine von vielen unter der Röhre.

Fünfzehn Minuten nach dem Start erreichen die Winnegans ihr Ziel. Ein Fahrstuhl bringt sie zum Boden, wo sie in eine große schwarze Limousine einsteigen. Diese wurde von einem privaten Verleih zur Verfügung gestellt, da Onkel Sam beziehungsweise die Regierung von LA zwar eine Verbrennung, nicht aber ein althergebrachtes Begräbnis bezahlt. Die Kirche beharrt nicht mehr auf traditionellen Begräbnissen, sondern überläßt es den Religionsanhängern, zwischen den verschiedenen Möglichkeiten zu wählen, als Asche vom Winde verweht oder als Leiche unter dem Boden beerdigt zu werden.

Die Sonne hat den halben Weg zum Zenit zurückgelegt. Mama bekommt Schwierigkeiten mit dem Atmen, ihre Arme und ihr Nacken werden rot und aufgeschwollen. Dreimal war sie bisher außerhalb der Stadt, und dreimal wurde sie auch von dieser Allergie befallen. Chib tätschelt ihre Hand, während sie über eine schlecht gepflasterte Straße fahren. Das archaische achtzigjährige Fahrzeug, das von einem Elektromotor angetrieben wird, fährt allerdings nur im Vergleich zu der Gondel holpernd. Es legt die zehn Kilometer bis zum Friedhof mit Höchstgeschwindigkeit zurück und hält nur einmal an, um einen Hirsch passieren zu lassen.

Vater Fellini begrüßt sie. Er ist in Nöten, da er gezwungen ist, den Anverwandten mitzuteilen, daß Großpapa in den Augen der Kirche ein Sakrileg begangen hat. Die Leiche eines anderen Mannes gegen die eigene einzutauschen, eine Messe über ihr lesen und sie in geweihter Erde begraben zu lassen – das ist Blasphemie. Mehr noch, Großpapa starb als ein Verbrecher ohne Reue. Wenigstens legte er, nach Wissen der Kirche, vor seinem Tod keine Beichte ab.

Chib hat mit dieser Weigerung gerechnet. St. Marys von BH-14 hat sich geweigert, die nötigen Formalitäten für Großpapa zu erledigen. Aber Großpapa hatte immer gesagt, daß er neben den Ahnen begraben werden wollte, und Chib wird sicherstellen, daß ihm dieser Wunsch auch erfüllt wird.

Chib sagt: „Ich werde ihn selbst begraben! Direkt am Rand des Friedhofes!“

„Das können Sie nicht tun!“ sagen der Priester, die Angestellten des Bestattungsinstitutes und der Bundesbeamte wie aus einem Munde.

„Und ob ich kann! Wo ist die Schaufel?“

Da erst sieht er das dünne, dunkle Gesicht und die falkoforme Nase von Accipiter. Der Agent überwacht die Ausgrabung von Großpapas (erstem) Sarg. In der Nähe stehen mindestens fünfzig Fidomänner, die mit ihren Minikameras filmen, wobei die Sender einige Dekameter neben ihnen schweben. Großpapa steht im Zentrum des Interesses, wie es dem Letzten Milliardär und dem Größten Verbrecher des Jahrhunderts auch zusteht.

Fidointerviewer: „Mr. Accipiter, würden Sie uns einige Worte zur Erklärung abgeben? Ich übertreibe wohl kaum, wenn ich Ihnen sage, daß mindestens zehn Milliarden Menschen diesem historischen Ereignis zusehen. Schließlich wissen ja sogar schon die Vorschulkinder über Win-again Winnegan Bescheid.

Wie fühlen Sie sich jetzt? Sie haben schon seit sechsundzwanzig Jahren mit dem Fall zu tun. Der erfolgreiche Abschluß muß Ihnen doch eine große Befriedigung sein.“

Accipiter (ohne zu lächeln und so säuerlich wie Zitronensaft): „Nun, ich habe diesem Fall selbstverständlich nicht meine volle Aufmerksamkeit gewidmet. Alles in allem vielleicht maximal drei Jahre. Aber da ich mich jeden Monat mindestens ein paar Tage darum gekümmert habe, könnte man durchaus sagen, daß ich bereits seit sechsundzwanzig Jahren auf Winnegans Spur bin.“

Interviewer: „Man sagt, daß der Abschluß dieses Falles auch gleichzeitig das Ende des IRB bedeutet. Wenn wir nicht falsch informiert wurden, dann wurde das IRB allein wegen Winnegan noch weiter geführt. Sie hatten in dieser Zeit selbstverständlich auch noch andere Dinge zu tun, aber das Aufspüren von Betrügern und Spielern, die ihr Einkommen nicht richtig gemeldet haben, wurde doch inzwischen an andere Ämter übertragen. Ist das richtig? Und was haben Sie nun vor?“

Accipiter (dessen Stimme ein funkelnder Kristall verschiedener Emotionen ist): „Ja, das IRB wird aufgelöst. Aber erst nachdem der Fall gegen Winnegan und seine Enkelin nebst deren Sohn abgeschlossen ist. Sie haben ihn verborgen, und daher sind sie der Mittäterschaft schuldig.

Eigentlich sollte man die gesamte Bevölkerung von Beverly Hills, Ebene vierzehn, mit anklagen. Ich weiß, was ich leider nicht beweisen kann, daß jeder, sogar der honorige Polizeichef, gewußt hat, daß Winnegan sich in jenem Haus verbarg. Sogar Winnegans Priester wußte es, da er gelegentlich zur Messe und Beichte ging. Der Priester versicherte, er habe Winnegan immer angehalten, sich freiwillig zu stellen, erst dann wollte er ihm die Absolution erteilen.

Aber Winnegan, einer der härtesten Kriminellen, der mir je untergekommen ist, weigerte sich. Er behauptete, daß er kein Verbrechen begangen habe, sondern daß, ob Sie es glauben oder nicht, eigentlich Onkel Sam der Verbrecher sei. Man stelle sich nur den Eigendünkel und die Anmaßung dieses Mannes vor!"

Interviewer: „Aber sicher werden Sie doch nicht die gesamte Bevölkerung von Beverly Hills einsperren wollen?"

Accipiter: „Davon hat man mir abgeraten."

Interviewer: „Haben Sie vor, sich nach Abschluß dieses Falls zur Ruhe zu setzen?"

Accipiter: „Nein. Ich werde zum Dezernat für Kapitalverbrechen in Groß-LA überwechseln. Mord aus Profitgier existiert fast nicht mehr, aber Gott sei Dank gibt es ja immer noch Verbrechen aus Leidenschaft!"

Interviewer: „Aber wenn der junge Winnegan den Prozeß gegen Sie gewinnt – seine Anklage lautet auf Eindringen in die Privatsphäre, illegalen Einbruch in sein Haus und direkte Herbeiführung des Todes seines Großvaters –, dann werden Sie wahrscheinlich nicht zum Dezernat für Kapitalverbrechen gehen und auch zu keiner anderen Polizeistelle."

Accipiter (dessen Stimme ein funkelnder Kristall verschiedener Emotionen ist): „Kein Wunder, daß wir Gesetzeshüter einen so schweren Stand haben! Nicht nur sind manchmal ganze Ortschaften Mittäter eines Verbrechens, sondern auch meine Vorgesetzten scheinen auf deren Seite zu stehen ..."

Interviewer: „Möchten Sie die letzte Bemerkung gerne weiter ausführen? Ich bin sicher, alle Ihre Vorgesetzten sehen derzeit zu. Nein? Soweit ich informiert bin, soll die Verhandlung in Ihrem Fall *gleichzeitig* mit der Winnegans stattfinden. Wie wollen Sie es anstellen, bei beiden anwesend zu sein? He, he, einige Fidosender nennen Sie bereits den *Simultanmenschen!*"

Accipiter (mit finsterem Gesicht): „Dafür ist so ein Idiot von einem Beamten verantwortlich. Er hat die Daten falsch in den Rechtscomputer eingegeben. Dann hat er oder sonstwer den Fehlerlöschkreis ausgeschaltet, woraufhin der Computer durchbrannte. Man vermutet, daß der Beamte diesen Fehler absichtlich gemacht hat – es ist nebenbei meine Vermutung, und der Idiot kann mich gerne verklagen, wenn er sich traut –, aber es gibt viele Fälle wie diesen und ..."

Interviewer: „Würde es Ihnen etwas ausmachen, den Hergang dieses Falles für unsere Zuschauer etwas aufzuhellen? Aber bitte nur die Höhepunkte."

Accipiter: „Nun, äh, wie Sie wissen, wurden vor etwa fünfzig Jahren alle Gesellschaften in Privathand in staatliche Ämter umgewandelt. Alle – mit der Ausnahme der Baufirma Finnegan in dreiundfünfzig Staaten, deren Präsident Finn Finnegan war. Er war der Vater des Mannes, der heute – irgendwo – begraben werden soll.

Gleichzeitig wurden alle Gewerkschaften – wieder mit Ausnahme der größten, der Baugewerkschaft – aufgelöst oder zu Regierungsgewerkschaften umfunktioniert. In diesem einen Fall waren Unternehmen und Gewerkschaft nämlich eins, da alle Angestellten fünfundneunzig Prozent des Firmenkapitals zu etwa gleichen Teilen unter sich aufteilten. Der alte Finnegan war gleichzeitig der Gesellschaftsvorstand und der Sekretär und Geschäftsführer der Gewerkschaft.

Auf Biegen und Brechen konnte diese Firmengewerkschaft sich der Enteignung widersetzen – mit gehörig krummen Mitteln, wie ich vermute. Über Finnegans Methoden wurden Untersuchungen angestellt: Erpressung und Bestechung von US-Senatoren und sogar des Obersten Gerichtshofs. Aber natürlich konnte man nichts davon beweisen."

Interviewer: „Zum Nutzen unserer Zuschauer, die vielleicht nur über ein verschwommenes geschichtliches Wissen verfügen: Auch vor fünfzig Jahren wurde Geld nur noch zum Austausch nichtgarantierter Waren verwendet. Seine andere Rolle war, wie heute, die eines Index von Prestige und gesellschaftlicher Stellung. Die Regierung dachte sogar einmal daran, das Geld vollkommen abzuschaffen, doch eine Studie zeigte dann deutlich, welchen großen psychologischen Wert es hatte. Auch die Einkommensteuer wurde beibehalten, obwohl die Regierung keine Verwendung mehr für Steuergelder hatte, denn die Höhe der Einkommensteuer eines Mannes war ebenfalls eine Prestigesache, und außerdem konnte die Regierung auf diese Weise dem Zirkulationsprozeß große Mengen Geld entziehen."

Accipiter: „Wie dem auch sei, als der alte Finnegan starb, verstärkte die Regierung den Druck auf die Gesellschaft, um die Bauarbeiter und

Angestellten als Beamte zu übernehmen. Aber der junge Finnegan erwies sich als ebenso hinterlistig und verschlagen wie sein alter Herr. Ich will damit allerdings nicht sagen, daß die Tatsache, daß sein Onkel zur damaligen Zeit Präsident der Vereinigten Staaten war, auch nur das geringste mit seinem Erfolg zu tun hatte."

Interviewer: „Der junge Finnegan war siebzig Jahre alt, als sein Vater starb."

Accipiter: „Während des Tauziehens, das viele Jahre andauerte, beschloß Finnegan, sich in Winnegan umbenennen zu lassen, ein Wortspiel mit Win Again. Er scheint ein kindliches, fast närrisches Vergnügen an Wortspielen gehabt zu haben, und ich verstehe es nicht. Die Wortspiele, meine ich."

Interviewer: „Für unsere nichtamerikanischen Zuschauer, die den Brauch des Namenstages vielleicht nicht kennen . . . dieser wurde von den Panamoriten erschaffen. Wenn ein Bürger ein bestimmtes Alter erreicht, dann wird ihm das Recht zugestanden, sich selbst einen neuen Namen auszusuchen, der seinem Temperament oder seinen Zielen im Leben angemessener ist. Ich möchte an dieser Stelle gerne darauf hinweisen, daß Onkel Sam, dem man ungerechterweise immer wieder vorwirft, er würde unter seinen Bürgern für Konformismus sorgen, diesen individualistischen Zug durchaus gutheißt. Und das ungeachtet des ständig steigenden Aktenberges, den die Regierung dadurch zu bewältigen hat.

Ich möchte aber auch auf etwas anderes Interessantes hinweisen. Die Regierung behauptete, daß Großpapa Winnegan geisteskrank gewesen sei. Meine Zuhörer werden es mir hoffentlich verzeihen, wenn ich mir einen Augenblick Zeit lasse, um den Grund von Onkel Sams Behauptung zu erläutern. Nun, für all jene unter Ihnen, die nicht mit einem der großen Klassiker der Literatur des zwanzigsten Jahrhunderts vertraut sind: Die Rede ist von *Finnegans Wake,* und der Verfasser, James Joyce, entnahm den Titel einem alten Vaudeville-Song."

(Wird halb ausgeblendet, während der Ansager kurz die Bedeutung des Wortes „Vaudeville" erklärt.)

„Das Lied handelte von Tim Finnegan, einem irischen Trunkenbold, der betrunken von einer Leiter fiel und für tot gehalten wurde. Während der Totenwache, die in Irland üblich ist, wurde die Leiche versehentlich mit Whiskey bespritzt. Finnegan spürt die Berührung des Whiskeys, des ‚Wassers des Lebens', und richtet sich auf, dann klettert er aus dem Sarg und tanzt und trinkt wieder mit den Trauernden.

Großpapa behauptete immer, daß dieses Lied auf Wahrheit beruhte, da man einen guten Mann nicht unterdrücken oder niederhalten kann, und daß der originale Tim Finnegan sein Vorfahre gewesen ist. Diese irrsinnige Behauptung wurde von der Regierung gegen Winnegan verwendet.

Winnegan jedoch brachte Dokumente bei, welche seine Behauptung erhärteten. Später – zu spät – erwiesen sich diese Dokumente als Fälschungen."

Accipiter: „Der Fall Regierung gegen Winnegan wurde zusätzlich durch die Sympathie der öffentlichen Meinung unterstützt, die ganz auf·seiten der Regierung stand. Bürger beschwerten sich, die Praktiken der Firmengewerkschaft seien undemokratisch und diskriminierend. Die Angestellten und Arbeiter erhielten vergleichsweise hohe Löhne, während Normalbürger sich mit dem Einheitseinkommen zufriedengeben mußten. Daher wurde Winnegan vor ein Gericht gestellt, dies selbstverständlich völlig zu Recht und rechtens, und zahlreicher Verbrechen angeklagt, unter denen sich unter anderem auch Subversion der Demokratie befand.

Da er das Unausweichliche sah, kappte Winnegan seine Karriere als Krimineller. Er schaffte es irgendwie, zwanzig Milliarden Dollar aus den Tresoren des Bundes zu stehlen. Diese Summe entsprach übrigens der Hälfte des in Umlauf befindlichen Geldes in Groß-LA. Winnegan verschwand mit dem Geld, das er nicht nur gestohlen, sondern für das er nicht einmal Einkommensteuer bezahlt hatte. Ich kann nicht verstehen, warum so viele Leute das Bild dieses Schwerverbrechers so verklärt haben. Ich habe sogar schon Fidofilme gesehen, in denen er als der strahlende Held auftrat – selbstverständlich fadenscheinig unter falschem Namen verborgen."

Interviewer: „Ja, Leute, Winnegan beging das Verbrechen des Jahrhunderts. Und obwohl er schlußendlich gefaßt wurde und heute irgendwo begraben werden soll, ist der Fall irgendwie immer noch nicht abgeschlossen. Die Bundesregierung allerdings sagt, daß er doch abgeschlossen ist. Wo aber sind die zwanzig Milliarden Dollar?"

Accipiter: „Das Geld hat heutzutage keinen Wert mehr, außer natürlich als Sammlerstücke. Kurz nach dem Diebstahl zog die Regierung alle in Umlauf befindlichen Geldscheine ein und ließ neue drucken, die nicht mit den alten verwechselt werden konnten. Die

Regierung hatte damals etwas Ähnliches schon lange vorgehabt, da der Geldumlauf unnatürlich aufgebläht war – daher wurde auch nur die Hälfte des eingezogenen Geldes wieder ausbezahlt.

Ich würde aber trotzdem zu gerne wissen, wo das Geld ist, und ich werde nicht eher ruhen, bis ich es gefunden habe. Ich werde weitersuchen, selbst wenn ich es in meiner Freizeit tun muß."

Interviewer: „Wenn der junge Winnegan seinen Fall gewinnt, dann werden Sie dazu jedenfalls genügend Zeit haben. Tja, Leute, wie die meisten von Ihnen sicher wissen, wurde die Leiche Winnegans etwa ein Jahr nach seinem Verschwinden in einer der unteren Ebenen von San Francisco gefunden. Seine Enkelin identifizierte den Leichnam, und Fingerabdrücke, Retinaabdrücke, Zahnabdrücke, Blutgruppe, Haartyp und ein Dutzend anderer Merkmale stimmten ebenfalls überein."

Chib, der zugehört hat, ist der Meinung, daß Großpapa mehrere Millionen des gestohlenen Geldes aufgewendet haben muß, um das zu bewerkstelligen. Er weiß es nicht bestimmt, vermutet aber, daß ein Forschungslabor irgendwo auf der Welt den Doppelgänger in einem Biotank gezüchtet hat.

Das geschah zwei Jahre nach Chibs Geburt. Sein Großpapa zeigte sich zum ersten Mal, als Chib fünf Jahre alt war. Er kam herein und ließ Mama nichts davon wissen, daß er wieder zurückgekehrt war. Chib war der einzige Mitwisser. Selbstverständlich war es Großpapa unmöglich, von Mama gänzlich unbemerkt zu bleiben, und doch bestand sie darauf, ihn niemals gesehen zu haben. Chib hielt das für eine Vorsichtsmaßnahme, um jede eventuelle Mitwisserschaft an dem Verbrechen abzuwälzen. Sicher war er aber nicht. Vielleicht hatte sie seine „Erscheinungen" auch völlig aus ihrem Geist verdrängt. Für sie war das einfach, da sie nie wußte, ob es Dienstag oder Donnerstag war, und sie Schwierigkeiten hatte zu sagen, in welchem Jahr sie lebte.

Chib ignoriert die Leichenbestatter, die sich erkundigen, was sie mit dem Leichnam anfangen sollen. Er geht zum Grab hinüber. Die Spitze des ovalen Sarges ist bereits zu erkennen. Der lange Rüssel der Grabemaschine zerbröselt das Erdreich mit Ultraschall und saugt es dann ab. Accipiter durchbricht seine lebenslange Beherrschung, lächelt und reibt sich die Hände.

„Tanzen Sie doch noch ein wenig, Sie Hurensohn", sagt Chib, und seine Wut ist die einzige Barriere vor den Tränen und dem Weinen, das in ihm aufsteigt.

Nun ist das Erdreich um den Sarg soweit geklärt, daß die Greifarme der Maschine fassen können. Diese senken sich, haken ein und heben den schwarzen Plastiksarg mit seinen unechten Silberbeschlägen empor. Chib sieht den IRB-Männern zu, die den Sarg öffnen, und möchte etwas sagen, schweigt dann aber. Er betrachtet sie intensiv und mit zum Sprung durchgedrückten Knien. Die Fidomänner kommen näher, ihre augapfelförmigen Kameras betrachten die Gruppe um den Sarg.

Der Deckel öffnet sich ächzend. Ein lauter Knall ertönt. Dichter, schwarzer und undurchdringlicher Rauch kräuselt empor. Accipiter und seine Männer taumeln schwarz und mit weit aufgerisssenen weißen Augen aus der Wolke heraus. Die Fidomänner fliehen in alle möglichen Richtungen und versuchen, ihre Kameras zu retten. Diejenigen, die weit genug entfernt sind, können erkennen, daß die Explosion am Boden des Grabes stattfand. Nur Chib weiß, daß das Öffnen des Sargdeckels den Sprengsatz im Grab zur Explosion gebracht hat.

Er ist auch der erste, der zum Himmel emporblickt, wo ein Projektil in die Wolken schießt, weil er als einziger damit gerechnet hat. Die Rakete steigt etwa einhundertfünfzig Meter empor, während die Fidomänner ihre Kameras auf sie richten, dann platzt sie und entfaltet ein Banner zwischen zwei runden Objekten. Die Objekte dehnen sich aus und werden zu Luftballons, das Banner dagegen faltet sich zu voller Größe auf.

Auf dem Stoff steht mit großen schwarzen Buchstaben:

WINNEGANS FAKE!*

Zwanzig Milliarden Dollar, die unter dem angeblichen Grab verborgen waren, brennen lichterloh. Einige Scheine werden emporgewirbelt und vom Wind davongeweht, während IRB-Männer, Fidomänner und die Angestellten des Bestattungsinstitutes hinterherjagen.

Accipiter sieht aus, als erleide er einen Schlaganfall.

Chib weint, dann lacht er und wälzt sich auf der Erde.

Großpapa hat Onkel Sam wieder ein Schnippchen geschlagen, und gleichzeitig hat er sein letztes Wortspiel so angebracht, daß alle Welt es sehen kann.

* Wortspiel. Wörtlich etwa: Winnegans Schwindel (Anm. d. Übers.)

„Oh, mein alter Herr!“ schluchzt Chib zwischen Lachsalven. „Oh, mein alter Herr! Wie ich dich liebe!“

Während er sich noch so heftig auf dem Boden wälzt, daß seine Rippen schmerzen, spürt er plötzlich ein Stück Papier in der Hand. Er fängt sich und sieht dem Mann hinterher, der es ihm gegeben hat. Der Mann sagt: „Ich wurde von Ihrem Großvater bezahlt, daß ich es Ihnen bei seiner Beerdigung überreiche.“

Chib liest.

Ich hoffe, daß niemand verletzt wurde, nicht einmal die Leute vom IRB.

Letzter Rat vom Weisen Alten Mann in der Höhle: Brich die Brücken ab. Verlasse LA. Verlaß das Land. Geh nach Ägypten. Soll deine Mutter doch allein die Purpurne Sozialhilfe reiten. Wenn sie Beherrschung und Selbstverleugnung praktiziert, kann sie es schaffen. Wenn sie das nicht kann, nun, das ist nicht deine Schuld.

Du hast Glück, du bist mit Talent, wenn nicht gar mit Genie zur Welt gekommen. Außerdem bist du stark genug, daß du die Nabelschnur zerreißen kannst. Also, tu es! Geh nach Ägypten. Gib dich der uralten Kultur hin. Steh vor der Sphinx. Stelle ihr (eigentlich ist es ein Er) die Frage.

Und dann besuche eines der zoologischen Reservate südlich des Nils. Lebe einige Zeit in einem Faksimile der Natur, wie sie war, ehe der Mensch sie vernichtet und entweiht hat. Dort, wo der Homo sapiens (?) sich aus dem Killeraffen entwickelte, absorbiere den Geist dieses uralten Ortes und längst vergessener Zeiten.

Du hast mit deinem Penis gemalt, den, wie ich befürchte, mehr die Geilheit als die Liebe zum Leben versteift hat. Lerne, mit dem Herzen zu malen. So wirst du ein großer und aufrichtiger Künstler werden.

Male.

Und dann gehe hin, wo immer du hingehen willst. Ich werde bei dir sein, solange du lebst und dich an mich erinnern kannst. Um Runic zu zitieren: „Ich werde das Nordlicht deiner Seele sein.“

Halte fest an dem Glauben, daß es auch andere gibt, die dich ebensosehr lieben, wie ich dich liebte, vielleicht sogar noch mehr. Und was noch bedeutender ist: Du mußt sie ebensosehr lieben wie sie dich.

Kannst du das schaffen?

Nachwort

Der einzige deutsche Autor unter den in dieser *Kopernikus*-Ausgabe vertretenen Autoren ist Peter W. Bach, der im Science Fiction-Bereich bislang nur mit der Story *Gute alte Westfront (Kopernikus 5)* in Erscheinung getreten ist. Es liegt in der Natur der Sache, daß der Herausgeber einer Anthologie die Autoren der von ihm ausgesuchten Kurzgeschichten in ein gutes Licht zu stellen bemüht ist, aber ich bin tatsächlich der Meinung, daß Peter W. Bach ein Zugewinn für die deutsche Science Fiction ist und schon diese beiden ersten Erzählungen ihn als originellen und eigenständigen Autor ausweisen.

Die Namen Timothy R. Sullivan und Paul David Novitski haben für den deutschen Leser noch keinen Stellenwert, aber auch in Amerika, wo die beiden zu Hause sind, dürften sie noch als relativ unbeschriebene Blätter gelten. Novitskis Erzählung erschien in Terry Carrs renommierter Anthologienreihe *Universe*, die Story von Timothy R. Sullivan kam in *Twilight Zone*, einem noch relativ neuen Magazin heraus, dessen Titel auf der gleichnamigen Fernsehserie (von Rod Serling) basiert. Beide Geschichten gefielen mir sehr, und zumindest im Fall Sullivan scheine ich mit meinem Geschmack nicht allein zu stehen, denn der Autor wird zur Zeit in der Schriftstellervereinigung SFWA von seinen Kollegen mit Nominierungsvorschlägen für den *Nebula* – die mehreren seiner Stories gelten – gewürdigt.

Rachel Cosgrove Payes, eine der beiden weiblichen Autoren unter den Beiträgern zu dieser Ausgabe, hat bereits eine ganze Reihe von Büchern in Amerika veröffentlicht, darunter vor allem mehrere unter dem Pseudonym E.L. Arch (einem Anagramm für Rachel) veröffentlichte SF-Romane. In jüngerer Zeit publiziert sie auch ihre Science Fiction unter ihrem richtigen Namen. Im deutschen Sprachraum wurde noch nicht allzuviel von ihr veröffentlicht: Zu den Ausnahmen zählen neben der vorliegenden Geschichte die Stories *Half Live (Halbleben)* und *Escape to the Suburbs (Flucht in die Vorstadt)*, letztere erschienen im *Science Fiction Almanach 1981*.

Ungleich bekannter, auch bei uns, dürfte hingegen Vonda N. McIntyre sein, eine der großen Nachwuchsautorinnen der siebziger Jahre. Sie gewann den *Hugo* und den *Nebula* für den Roman *Dreamsnake (Traumschlange)*, nachdem sie schon mit ihrem Romanerstling *The Exile Waiting (Die Asche der Erde)* ein bemerkenswertes Werk schrieb. Wie die hier abgedruckte Kurzgeschichte *Elfleda*

(Elfleda) unter Beweis stellt, ist sie auch und vor allem eine sehr gute Kurzgeschichtenautorin. Weitere herausragende Kurzgeschichten dieser Autorin wurden in der Moewig-SF-Reihe als Sammelband unter dem Titel *Feuerflut* veröffentlicht.

Die Namen Robert Silverberg und Gregory Benford bedürfen wohl kaum noch besonderer Erwähnung unter SF-Lesern. Beide Autoren wurden mehrfach mit Preisen ausgezeichnet, und beide sind auch im Programm des Moewig Verlags mit mehreren Romantiteln vertreten. (Herausragend dabei Silverbergs *Krieg der Träume* als Moewig-Hardcover und Benfords mit dem *Nebula* ausgezeichneter Roman *Timesscape,* der zur Veröffentlichung vorbereitet wird.)

Ähnliches gilt für Philip José Farmer, von dem bislang zwei Romane in dieser Reihe erschienen sind: ein *Hugo*-Preisträger und einer der phantasievollsten Autoren der Science Fiction, dessen Werk umfangreich ist und verstreut bei einer Reihe von deutschen Verlagen veröffentlicht wurde. Die hier veröffentlichte Novelle ist nicht nur der längste und vielleicht originellste Beitrag in dieser Anthologie, sondern zugleich auch eine berühmte, 1968 mit dem *Hugo* ausgezeichnete Geschichte, die – wie alle anderen Beiträge – hier erstmals in deutscher Sprache präsentiert wird. Sie erschien 1967 in Harlan Ellisons Anthologie *Dangerous Visions* und verdankt ihre Entstehung der Zusicherung des Herausgebers Ellison, Beiträge ungeachtet etwaiger gebrochener Tabus in seiner Anthologie aufzunehmen. So ist diese Story weder jugendfrei noch ein besonders gefälliger Lesestoff, und sie zeigt einen in mancher Hinsicht überraschenden Farmer. Ein bißchen sicher auch satirisch auf manches in der damaligen „New Wave" der Science Fiction gemünzt, schießt Farmer nicht nur das zu erwartende Feuerwerk an Ideen ab, sondern präsentiert sich in seinen literarischen Anspielungen als Kenner nicht nur der Abenteuerliteratur. Der Originaltitel *(Riders of the Purple Wage)* ist übrigens eine Paraphrase auf den Western *Riders of the Purple Sage* von Zane Grey und wurde seinerseits von Arthur Jean Cox mit der Novelle *Riders of the Purple Page (Ein denkwürdiger Abend)* paraphrasiert – ein Insiderscherz, aber insgesamt eine witzige und geistreiche Angelegenheit.

Hans Joachim Alpers